《走向2049的国家发展战略研究》丛书

中国财政改革发展战略研究
从"十三五"到2049

贾康 等著

ZHONGGUO CAIZHENG GAIGE
FAZHAN ZHANLUE YANJIU
CONG "SHISANWU" DAO 2049

企业管理出版社
ENTERPRISE MANAGEMENT PUBLISHING HOUSE

图书在版编目（CIP）数据

中国财政改革发展战略研究：从"十三五"到2049 / 贾康等著. —北京：企业管理出版社，2019.7

（走向2049的国家发展战略研究 / 洪崎，贾康，黄剑辉主编）

ISBN 978-7-5164-1977-9

Ⅰ.①中… Ⅱ.①贾… Ⅲ.①财政管理体制—经济体制改革—研究—中国 Ⅳ.①F812.2

中国版本图书馆CIP数据核字（2019）第117656号

书　　名：	中国财政改革发展战略研究：从"十三五"到2049
作　　者：	贾　康　王　敏　刘　薇　苏京春
责任编辑：	张　平　郑　亮
书　　号：	ISBN 978-7-5164-1977-9
出版发行：	企业管理出版社
地　　址：	北京市海淀区紫竹院南路17号　邮编：100048
网　　址：	http://www.emph.cn
电　　话：	编辑部（010）68701638　发行部（010）68701816
电子信箱：	qyglcbs@emph.cn
印　　刷：	北京环球画中画印刷有限公司
经　　销：	新华书店
规　　格：	170毫米×240毫米　16开本　12印张　187千字
版　　次：	2019年7月第1版　2019年7月第1次印刷
定　　价：	88.00元

版权所有　翻印必究·印装错误　负责调换

《走向2049的国家发展战略研究》丛书

丛书顾问

刘明康　刘世锦

丛书编委会

主编

洪　崎　贾　康　黄剑辉

编委（按姓氏笔画为序）

王　庆	王　诚	王广宇	白重恩	冯俏彬	刘　薇	许元荣
李　波	李万寿	宋　泓	张　瑾	张茉楠	张影强	金海年
洪　崎	姚余栋	姚枝仲	贾　康	夏　斌	徐以升	黄　锟
盛　磊	黄剑辉	董克用	管益忻	樊　纲	樊继达	魏　杰

《走向2049的国家发展战略研究》丛书

序

新供给经济学推进研究创新，是回应时代诉求和挑战的自觉努力行为。在创始初期，新供给研究团队就特别强调，不是为创新而创新，在世界金融危机冲击之下，主流经济学总体上必须进行反思，而反思应该有理性的高水平创新；在现实生活方面，在和平发展对接伟大民族复兴和现代化中国梦的关键时期，我们必须在转轨期间得到理论之光的烛照引领，要把理论密切联系实际取向下，新供给群体形成的"融汇古今、贯通中西"的现实努力，对接到我们站在前人肩膀上的研究成果之上，集大成式地推进锐意创新，促进理性认识升华。这是研究者立身时代潮流当中的应有作为。

作为新供给经济学研究的重大研究项目，本丛书发布的面对中华人民共和国成立100周年的"中国2049战略"研究成果，反映了我们新供给经济学研究团队创立初期就确立的、在研究中必须明确"五年规划与四十年规划并重"的基本考虑，以引出制定基于全球视野的国家中长期发展战略，以及在前所未有的长期概念之下超越30年眼界并对接到实现"中国梦"时间段的综合发展战略。

新供给研究群体内的，以及帮助、支持新供给研究的专家，在国内研究界具有很大影响力。2014—2017年历经四年，大家共同致力于这项课题的研究：短中期而言，该研究形成的认识和成果正在对接即将具体化的"十三五"规划以及2020年既定的全面小康目标的实现；长期而言，该研究要对接伟大民族复兴和现代化中国梦。中国正处于和平发展、和平崛起的关键时期，从现在到2020年，除了全面小康目标

i

的实现以外，攻坚克难的改革必须力争按中央要求取得决定性成果，同时还必须实现全面的法治化与全面的从严治党。在经济转轨过程中，对攻坚克难的复杂性和任务艰巨性已具共识的前提下，面对这一必经过程，我们更应努力提供理论供给的有力支持。

就目前学界相关研究现状来看，国内尚无30年以上大跨度的系统化专业课题和专项研究，国外30年以上视界的国家战略规划研究也极鲜见。然而，我们已经从一系列值得称道的长期研究框架中得到重要启示，比如中国辛亥革命以后孙中山先生就通盘考虑过的"建国方略""建国大纲"，又比如"二战"后一些欧洲有远见的政治家注重考虑、最后引到现实生活、目前在整个世界格局里非常有影响力的欧洲货币联盟。中国改革开放的过程中，可以越来越清晰地看到，我们实际上就是按照邓小平70年眼界"三步走"的伟大战略构想，在一步步地往前运行。这些都给了我们非常宝贵的启示和激励。鉴于此，我们更应力求做好这一在具体形态上有首次特征的、超越30年眼界的规划性战略研究。

新供给经济学研究团队的长期发展战略研究，以具有优化顶层规划、助益科学发展、形成促进国家现代化治理的有效供给功能为目标，怀揣国人一直以来就推崇的全面长远的心胸和眼界，在所谓"不谋全局者不足以谋一域，不谋万世者不足以谋一时"的共识下，充分认识当下"四个全面"新时期、走向"强起来"新时代迫切需要顶层规划与底层创业创新两个层面的良性互动，深知从规划视角考虑有效供给，绝不能坐等微观、局部试错过程。新供给2049战略研究，正是力图从学理和实证综合上支持顶层规划，同时注意服务于基层民间的创新创业。

从智力视角分析，我们高度认同"智库"的重要性。习近平总书记特别强调，智库关联着各个国家在国际合作和竞争中打造软实力的供给竞争。民间独立智库，也是华夏新供给经济学研究院的定位，具有现代社会竞争发展、合作、供给进程中一定的不可替代性。新供给经济学相关研究的导向，既不是"官场规则"，也不是"反对派规则"，而是具有独立、公正、专业的学术严谨性诉求，把握创新中的规范性，努力形成全面、深刻、务实的导向，以战略高度上的洞察力对接具备建设性、策略性、可操作性的研究成果。

新供给 2049 的战略研究，致力于服务党的十八大、十九大提出的方针和战略部署的实施，以长期、超长期的视角，支持从当下到中长期、大纵深的科学决策，进一步聚焦进入中等收入、中高收入阶段的最关键时期，一直联通至前瞻中华人民共和国成立 100 周年。中国目前面临如何跨越"中等收入陷阱""福利陷阱""转轨陷阱""塔西佗陷阱"等一系列历史性的综合考验。"中等收入陷阱"概念在当下讨论中已引起轩然大波，虽然这个概念本身有其边界量化的一定"模糊性"，但我们还是愿意强调：基于全球范围内的统计现象与中国发展中的矛盾凸显来判断，这是一个无可回避的"真问题"，而且对于"中国梦"来说是顶级性质的"真问题"。"中国 2049 战略"研究成果，愿与各方交流、互动，以期产生启发、促进功能和决策参考作用，催化全盘思维、工作要领和重点方案的合理优化，由此联系和助益天下苍生、民生社稷、国家前途、民族命运及世界未来。

面对时代的客观需要，新供给经济学研究群体作为有担当、有社会责任感的中国知识分子和研究者，志在把握"天下家国"情怀具象化的时代定位，为党的十九大提出的"全面建成小康社会，夺取新时代中国特色社会主义伟大胜利，实现中华民族伟大复兴"宏伟目标，做出应有贡献。

洪崎　贾康

2018 年春

《走向2049的国家发展战略研究》丛书

前言

从当下展望2049年，还有30余年的时间。2049年已经被历史赋予了特殊的意义，这个中华人民共和国成立100周年的时点，也将是中国改革开放战略决策的总设计师邓小平当年所规划的以约70年的时间段（1980—2050年）经过"三步走"实现中华民族伟大复兴——习近平总书记生动表述的"中国梦"梦想成真的"除夕之夜"，是自工业革命落伍、落后的这个文明古国，终于凤凰涅槃般浴火重生、和平崛起的见证之年。

从"十三五"前瞻到2049年，做国家发展战略的系列化研究，是我们研究群体于"十三五"开局之前的自觉选择。经过骨干成员反复研讨，形成了一个主报告和十余个专题报告的通盘设计。在全体研究者的高度重视、共同努力下，终于在2016年年底使文稿初具规模，又经过几轮补充完善、反复修改打磨，最终将全部成果合成丛书，付梓奉献给读者。

面向2049年的国家长期发展战略研究，具有不寻常的背景：

一是伟大民族复兴愿景的召唤。中国这一人类历史上唯一古老文明没有中断的多民族大国，自以1840年鸦片战争为标志拉开近现代史帷幕后，曾一路积贫积弱，内忧外患，经甲午海战惨败、戊戌变法夭折之后，在20世纪陆续展开辛亥革命推翻两千年帝制，1949年成立中华人民共和国以及1978年后实行改革开放三件大事，终于在"千年之交"之后，站在现代化前两步目标提前实现的新的历史起点上，继续大踏步地跟上时代，一直推进到2012年中国共产党的第十八次全国代表大会开启经济、政治、社会、文化、生态"五位一体"全面布局的发展新阶段，经济总量已经跃升为全球第二位，并有望在未来不太长的历史时期之内上行至世界第一。2017年党的十九大，进一步指出了在"强起来"历史新时代，新的"两步走"现代化奋斗目标：如能在人均国民收入提高进程中成功跨越"中等收入陷阱"，并继续提升硬实力、软实力而和平崛起，就将于2035年基本建成社会主义现代化，并把中国现代化的宏观蓝图在2049年的时点上作为竣工大成之品，以现代化强国之姿展现于世界民族之林——"我们从未如此接近伟大民族复兴的愿景"，这个愿景鼓舞和呼唤着我们以集体合作的方式，提供服务于"梦想成真"的战略思维和科研成果。

二是"行百里者半九十"艰巨任务的挑战。在改革开放之后成功地实现了超常规高速发展和经济起飞而进入中等收入经济体之后，中国的经济运行虽然在总体上仍然具有巨大的发展潜力、成长性和"黄金发展期"特征，但"矛盾凸显期"的特征接踵而来，各种制约因素的叠加，形成了自2011年以来告别了高速发展阶段并向必须认识、适应还要引领的"新常态"阶段转换，同时改革进入深水区，"好吃的肉吃光了，剩下的都是硬骨头"，必须攻坚克难冲破利益的藩篱，以实质性的国家治理现代化进程解放生产力，对冲下行压力，才能形成旧动能衰退后新动能的转换升级，使发展方式加快转变，使增长过程维护其可持续性与长远的后劲，避免落入世界上绝大多数经济体已有前车之鉴的"中等收入陷阱"覆辙，完成中国古语譬喻的"行百里者半九十"的现代化长征。未来30余年征程中的一系列艰巨的改革发展任务，形成了历史性的挑战和考验，为应对好这种挑战，经受住这种考验，必须有尽可能高水平的战略层面的系统化研究设计，对决策和相关政策的优化给予有力支撑。

三是以知识创新工程式的智力支持，助推冲破"历史三峡"的迫切要求。在党的十八大以来，最高决策层经三中、四中、五中和六中全会，将治国施政的核心理念和大政方针一步步清晰化的过程中，高度重视哲学社会科学的创新、中国特色社会主义政治经济学的发展和智库建议，继现代化国家治理、"四个全面"战略布局以及以创新发展引领协调、绿色、开放、发展而落实于共享发展的现代化发展理念得到清晰明确的表述之后，又提出了供给侧结构性改革的战略方针，认定供给侧是矛盾主要方面，而以有效制度供给纲举目张地要求将改革进行到底，冲破最终实现中国梦的"历史三峡",这客观地产生了对于"知识创新工程"式的智力支持的迫切需要,亟须以走向2049伟大民族复兴的长期视野、战略研究,助推中国经济社会的巨轮涉险滩、闯激流,克服一切艰难与风险,达于现代化的计日程功。

在此背景下,新供给智库"中国2049战略"研究成果出版发布的时代意义,便呼之欲出了。

第一,这一丛书系列反映的研究创新是回应时代诉求和现实生活挑战的自觉努力行为。智库的创始与工作,并不是为创新而创新,而首先是基于全球视野——在世界金融危机冲击之下,对主流经济学总体上的反思与创新势在必行,而反思中应该有对应于中国道路、中国方案的理性的高水平创新成果。在以和平发展对接伟大民族复兴和现代化中国梦的关键时期,我们必须在转轨中得到理论之光的烛照引领,把理论密切联系实际取向下新供给群体形成的"融汇古今、贯通中西"的共识对接我们经过努力"站在前人的肩膀上"的研究成果,集大成式地推进改革,促成发展升级,这是研究者立身时代潮流当中的应有作为。

第二,面对中华人民共和国成立100周年的"中国2049战略"研究成果,反映了我们早期就确立的新供给研究中必须明确地把"五年规划与四十年规划并重"的基本考量。努力实施研究而来的这项成果,要引出制定基于全球视野的国家中长期发展战略,这是在前所未有的长期概念之下,超越30年眼界,对接到实现中国梦时间段的发展战略,即从具体化的"十三五"规划,以及2020年既定的全面小康目标的实现,进一步延伸至伟大民族复兴和现代化中国梦的实现。中华民族正处在和平发展、和平崛起的关键时期,到2020年,中央要求除了全面小康目标的实现以外,攻坚克难的改革必须取得决定性成果,同时必须实现全面的法治化和全面的从严治党——攻坚克难的复杂性和任务的艰巨性,催促理论与智力供给的有力支持。虽然在国内还没有出现过30年以上时间跨度的类似课题的系统化专项研究,也没有检索到国外30年以上视界的国家战略规划研究,但是我们可以从一系列值得称道的研究框架中得到重要启示:比如中国辛亥革命前后孙中山先生就考虑过"建国方略""建国大纲";"二战"后一些欧洲有远见的政治家早已积极考虑,最后引到现实生活而在整个世界格局里产生重大影响力的欧洲货币同盟。在中国40年改革开放的过程中间,越来越清晰地看到,我们实际上就是按照邓小平的70年眼界"三步走"伟大战略构想,在一步步前行,这些都可以给智库的长期战略研究以非常宝贵的启示和激励。2017年党的十九大进一步做出了2035年基本实现社会主义现代化、到2049年前后把我国建设成为现代化强国的战略规划。正是基于这种认知,我们以极大的热情投入并完成了这一在具体形态上有首次特征、超越30年眼界的规划性战略研究。

第三,这项长期发展战略研究具有优化顶层规划、助益科学发展、促进国家现代化治理的有效供给功能。从规划视角分析,中国人一向推崇有全面、长远的心胸和眼界,研究者都认同这样一种取向,所谓"不谋全局者不足以谋一域,不谋万世者不足以谋一时"。在十八大迈向十九大的新时期和十九大后的新时代,迫切需要顶层设计与市场微观主体两个层面的良性互动。"中国2049战略"研究力求从学理和实证方面支持顶层规划,同时注重呼应基层民间的创新创业。从智力支持视角分析,我们高度认同"智库"的重要性。习近平总书记特别强调智库建设,这关联着各个国家在国际合作和竞争中打造软实力供给的竞争。民间独立智库,也是新供给经济学研究群体的定位,具有现代社会竞争发展、合作、供应进程中的不可替代性。我们研究中的导向既不是"官场规则",也不是"反对派规则",而是具有独立、公正、专业的学术严谨性,把握创新中的规范性,力求形成全面、深刻、务实的导向,以战略高度的洞察力对接具备建设性、策略性、可操作性的研究成果。

第四,新供给智库关于"中国2049战略"的研究是各方共同应对时代挑战和中国现代化决定性历史考验的一项认知、交流和催化的基础工作。从"十三五"规划时期始,"中国2049战略"研究具有"对应、涵盖但不限于"的特点,是把这些时点目标放在自己研究范围之内,再往前衔接,以长期、超前期的视角支持从当下到中长期的科学决策,聚焦进入中等收入阶段、中高收入阶段的最关键时期,是前瞻中华人民共和国成立百年而启动的系统工程式研究。我们内含的命题是如何应对"中等收入陷阱""福利陷阱""转轨陷阱""塔西佗陷阱"等一系列历史性的综合考验。"中等收入陷阱"概念屡屡引起争议,虽然这个概念本身有边界量化的"模糊性",但是我们愿意强调,它是世界范围内的一种统计现象的比喻式表述,是无可回避的"真问题",而且对于"中国梦"来说是顶级性质的"真问题"。研究的成果需要与各个方面交流和互动,以期待实现启发、促进功能和决策参考作用。我们愿以基础认识催化全盘思维、要领和重点方案的合理优化。各方面在启发、促进、交流的互动中,共同的努力也就关联了天下苍生、民生社稷、国家前途、民族命运及世界未来。

总之,我们从事这项研究、推出这套丛书的立场,确实是面对时代的客观需要,以智库研究成果与所有愿为中华民族伟大复兴做出贡献的人们互动,力求再接再厉,共同努力做好与"中国梦"相关联的研究和各项工作,以不负伟大的新时代。

贾 康
2018 年春

目录

绪　论　现代国家治理目标下中国财政改革发展的背景与哲理思考 / 001

一、中国实现现代化战略目标的新阶段、新挑战和无可回避的全面改革 / 001

二、以包容性增长联结现代化战略目标的哲理思考和道路选择 / 003

　（一）高屋建瓴统观全局的战略思维与"中国抉择" / 003

　（二）"政府万能"幻觉终归虚妄，"福利赶超"过程难在戒急 / 004

　（三）财税服务全局的理性大前提："真正让市场起作用" / 006

第一部分　中国财政改革发展的回顾反思与国际经验 / 007

一、公共财政对全面改革的支撑 / 007

　（一）1994年分税制改革的里程碑意义和历史性贡献 / 007

　（二）分税制内洽于市场经济体制 / 010

　（三）完整、准确地理解分税制所应澄清的几个重要认识 / 012

　（四）公共财政为建立现代财政制度奠定良好基础 / 017

二、现代国家治理目标下财政体制存在的问题与改革阻碍 / 018

三、"十三五"时期在全面改革中深化财政改革是大势所趋——
　　大思路和基本要领 / 019

四、分税制的国际实践与中国借鉴 / 021

　（一）美国分税制的基本情况 / 022

　　1. 各级政府事权划分 / 022

　　2. 各级政府税收收入划分 / 023

　　3. 各级政府间转移支付 / 024

（二）德国分税制的基本情况 / 025

    1. 各级政府事权划分 / 025

    2. 各级政府税收收入划分 / 026

    3. 各级政府间转移支付 / 027

（三）日本分税制的基本情况 / 028

    1. 各级政府事权划分 / 029

    2. 各级政府税收收入划分 / 030

    3. 各级政府间转移支付 / 031

（四）市场经济国家分税制的启示 / 033

    1. 中央和地方的事权划分明确且有法律保障 / 033

    2. 依据事权划分财权 / 033

    3. 采用分税制的形式确立地方政府财政收入的稳定来源 / 034

    4. 地方政府均有独立明确的主体税种 / 034

    5. 建立科学、规范且又行之有效的政府间转移支付制度 / 034

    6. 适度集中与合理分散财权 / 035

第二部分　中国"十三五"及其后中长期财政改革发展的总体思路、基本目标与路径 / 036

一、**总体思路** / 036

二、**基本目标** / 037

（一）合理定位市场经济目标模式取向下的政府职能 / 037

（二）以健全立法授权、完善政府间事权划分作为深化分税制改革的始发基础环节 / 037

（三）结合税制改革，合理划分税基 / 038

（四）完善转移支付制度 / 040

（五）大力改革完善预算管理制度 / 042

三、**实施路径** / 042

（一）以政府扁平化改革为框架 / 042

（二）以优先调整事权为起点 / 043

（三）以地方税体系建设为主要内容来带动税制改革和政府间收入划分改革 / 043

（四）以规范的转移支付制度体现事权优先原则 / 043

（五）以现代公共预算管理制度为基础性支撑 / 044

第三部分　中国"十三五"及中长期财政改革发展的创新要点 / 045

一、政府职能合理化与政府间事权（支出责任）划分清晰化 / 045

（一）合理定位市场经济目标模式取向下的政府职能 / 045

（二）政府框架调整中以财政扁平化为前提的财政改革引领 / 047

（三）以三级框架考虑的政府间事权（支出责任）调整思路和要点 / 047

　　1. 政府间事权划分的基本原则 / 048

　　2. 政府间事权与支出责任划分的方案设计 / 049

二、政府收入的健全优化 / 052

（一）政府收入/GDP比重的考察分析与收入前景预测 / 052

　　1. 政府收入/GDP比重的考察分析 / 052

　　2. 政府收入的前景预测 / 056

（二）政府收入结构的优化思路 / 058

　　1. 税收收入 / 058

　　2. 非税收入 / 064

　　3. 债务融资 / 068

三、政府支出的调整优化 / 071

（一）优化财政支出结构 / 071

　　1. 优化政府投资支出的结构 / 071

　　2. 强化民生及公共服务领域的财政支持力度 / 072

　　3. 优化财政转移支付功能，调节社会收入分配与地域的平衡发展 / 072

　　4. 压缩行政刚性支出膨胀需求，树立"过紧日子"思想和节约意识 / 072

（二）优化财政支出方式，完善支出定额标准体系 / 073

（三）健全转移支付制度 / 074

　　1. 在明确划分政府间事权与支出责任的基础上设计转移支付体系 / 074

　　2. 完善一般性转移支付制度 / 074

　　3. 完善专项转移支付制度 / 075

　　4. 完善财政转移支付管理体制和监督机制 / 075

5. 推进转移支付立法，健全转移支付法律法规制度 / 075

（四）推进和完善服务项目政府采购 / 076

1. 合理界定购买范围，明确购买目录 / 076
2. 规范政府购买服务的组织程序和运行机制 / 077
3. 建立政府购买服务预算管理制度 / 078
4. 建立政府购买服务绩效评价制度 / 078
5. 建立政府购买服务监督检查机制 / 078

（五）加强财政支出绩效考评 / 079

1. 推进绩效评价的法规制度建设，保障绩效管理工作的有效开展 / 079
2. 扩大绩效评价的对象和内容，推动财政支出绩效评价向全方位、多层次发展 / 079
3. 完善财政支出绩效评价的标准和方法体系 / 080
4. 规范评价主体，探索引入第三方评价机制 / 080
5. 加强绩效评价结果的反馈和应用 / 080

四、政府预算管理机制的创新优化 / 081

（一）建立全口径预算，完善政府预算体系 / 081

1. 全口径预算管理改革的目标 / 081
2. 全口径预算管理改革的主要内容 / 081
3. 全口径预算管理的路径选择 / 082

（二）改进年度预算控制方式，建立跨年度预算平衡机制 / 083

（三）大力推进预算公开，建立透明预算制度 / 084

（四）清理规范重点支出同财政收支增幅或生产总值挂钩事项，优化财政资金配置结构 / 085

（五）进一步完善国库支付制度和国库现金管理制度 / 086

（六）加强预算执行管理，积极推进预算绩效管理 / 087

（七）加快财政收支信息化系统建设 / 088

五、促进收入分配公平的体制机制与政策优化 / 089

（一）基本问题：收入分配中的"两大关系"和"两个比重" / 089

1. "两大关系"：政府与市场、中央与地方 / 089
2. "两个比重"：政府视角上的有效制度供给不足 / 093

（二）初次分配：造成收入差别的七因素 / 104

    1. 努力和辛劳程度不同而形成的收入差别 / 104

    2. 禀赋和能力不同而形成的收入差别 / 104

    3. 要素占有状态和水平不同而形成的收入差别 / 105

    4. 机遇不同而形成的收入差别 / 105

    5. "明规则"不合理因素而形成的收入差别 / 105

    6. "潜规则"的存在而形成的收入差别 / 105

    7. 不法行为导致的收入差别 / 106

（三）再分配：影响收入分配的问题 / 107

    1. 财政分配"三元悖论" / 107

    2. 转移性收入对再分配的影响 / 111

    3. 财产因素对再分配的影响 / 112

    4. 基本公共服务对再分配的影响 / 118

    5. 国有企业经营对再分配的影响 / 122

（四）促进收入公平分配的机制创新与政策优化 / 128

    1. 针对体制机制全局的对策建议 / 128

    2. 针对初次分配的政策建议 / 130

    3. 针对再分配的政策建议 / 132

（五）"可持续性"与福利增进的权衡把握 / 142

第四部分　主要结论与政策建议 / 147

一、本课题研究形成的基本认识结论 / 147

（一）政府职能与政府间事权（支出责任）相关研究形成的基本认识 / 147

    1. 对政府职能划分的认识 / 147

    2. 中国的政府框架调整应以财政扁平化为前提 / 148

    3. 政府间事权与支出责任划分的方案设计 / 149

（二）政府收入相关研究形成的基本认识 / 151

    1. 中国目前宏观税负较为合理，未来一般时期应大体稳定在这一水平 / 151

    2. 稳定宏观税负是在总税负水平稳定的前提下进行结构性调整 / 152

    3. 中国地方政府性债务从财政能力和地方政府资产角度来看，风险总体可控 / 152

（三）政府支出相关研究形成的基本认识 / 152
  1. 公共支出结构的转换与经济增长密切相关 / 152
  2. 公共服务供给要充分将政府与市场结合 / 152
  3. 在明确划分政府间事权与支出责任的基础上设计转移支付体系 / 153
  4. 政府购买服务是对中国传统管理模式的一场深度调整和革命 / 153
  5. 财政支出绩效评价是提高资金使用效益的重要手段 / 153

（四）政府预算管理相关研究形成的基本认识 / 153
  1. 财政部门统揽政府收支、相关预算单位积极配合的预算管理体系是全口径预算管理的基础 / 153
  2. 跨年度预算平衡机制加强了财政政策对宏观经济稳定的作用 / 153
  3. 预算公开是公共财政的本质要求 / 154
  4. 绩效预算是预算制度发展的新趋势 / 154
  5. "横向到边、纵向到底"的国库集中收付制是公共财政管理的基础性制度 / 154

（五）收入分配相关研究形成的基本认识 / 154
  1. 中国收入分配体制机制中存在的问题 / 154
  2. 初次分配中造成收入差别的七个因素 / 154
  3. 再分配中影响收入分配的问题 / 155

二、全面改革取向下中国财政改革发展的系列政策建议 / 155

（一）政府职能合理化与政府间事权（支出责任）划分清晰化的政策建议 / 155

（二）优化政府收入结构的政策建议 / 156

（三）优化政府支出的政策建议 / 156

（四）政府预算管理体系改革的政策建议 / 157

（五）促进收入分配公平的政策建议 / 158
  1. 针对体制机制全局的政策建议 / 158
  2. 针对初次分配的政策建议 / 159
  3. 针对再分配的政策建议 / 159

附　录 / 161

附录1　18个国家、数据来源及统计描述 / 161

附录2　回归模型 / 162

附录3　雇员报酬的解释变量及三个方程的回归结果 / 163

附录4　根据三个模型分别计算的"期望值"及其平均值 / 164

附录5　根据收入法计算的中国雇员薪酬占GDP比重的"实际值" / 165

附录6　18个国家雇员薪酬比重散点图及与经济开放度、投资率、经济增长率、城市化率的线性关系（132个观察值）/ 167

后　记 / 169

绪 论

现代国家治理目标下中国财政改革发展的背景与哲理思考

一、中国实现现代化战略目标的新阶段、新挑战和无可回避的全面改革

财政是国家治理的基础和重要支柱。财政首先是作为国民经济的重要组成部分，直接服务于"稳增长、促改革、调结构、惠民生"；财政也是行政和政治体制的组成部分，理应推动行政和政治体制改革；同时，财政又是经济、政治、社会、文化、生态各领域"五位一体"发展的重要支撑，牵一发而动全身。财税改革也必然必须服务全局。财税体制改革的目标绝不仅是停留于建立稳定强大的国家财政，而且还要有效支撑包容性可持续增长与国家治理现代化的全局与全过程。

党的十八届三中全会审议通过了《中共中央关于全面深化改革若干重大问题的决定》（以下简称《决定》），开启了我国全面深化改革、完善和发展中国特色社会主义制度，推进国家治理体系和治理能力现代化大有作为的新的重要机遇期。在这个具有顶层规划意义的指导文件内含有一个非常重要的理念——"现代国家治理"，具体表述为"国家治理体系和治理能力的现代化"。这个理念合乎逻辑地联结着文件中几次出现的"构建现代市场体系"这一制度建设要求，又进一步联结到"建立现

财政制度"的财税改革要求。这样的一个逻辑链接，正是在党的十八大确立的"五位一体"全面改革取向之下非常鲜明的一种历史性的"承前启后"。其"承前"，可以追溯到中国面临"三千年未有之变局"以来如何摆脱落后挨打悲惨境地的"振兴中华"的诉求——这是一种现代化的诉求；在中华人民共和国成立之后，在二十世纪六七十年代，都曾经明确地表述过"四个现代化"的思路；而在改革开放新时期的起点上，邓小平明确地勾画了"三步走"现代化战略目标。如今我们已成功地进入其"第三步"的历史阶段，在"承前"的这个视野之下，党的十八届三中全会凝练出足以"启后"的"现代国家治理"的理念。它的"启后"，就在于联结着我们无法回避的攻坚克难的配套改革任务：只有通过改革释放制度红利，才能够激发其他一系列的城镇化红利、科技创新红利、社会管理红利等，才能够继续"大踏步地跟上时代"，去连通现代化伟大民族复兴"中国梦"这个宏伟愿景。

那么，"以政控财、以财行政"的财政，在这个逻辑链条里面，已由《决定》表述为"国家治理的基础和重要支柱"。理论上讲，财政处理的是公共资源配置问题，它必然拉动、影响着整体资源配置。我国市场体系的现代化，在这个文件里与市场经济目标模式相匹配，明确地表述为"使市场在资源配置中起决定性作用"。因此，财政的基础和支柱作用就是要服务于现代市场体系，最大限度地发挥市场的正面效应，同时辅助性地弥补市场失灵。所谓"国家治理"，不等同于过去强调的自上而下的"调控""管理"，其中有组织，也有自组织；有调控，也有自调控；有管理，也有自管理——治理概念所强调的是一套制度安排和机制联结，意在包容和发挥各种主体的潜力，形成最强大的活力与可持续性。而财政自己，在具体管理表现形式上的预算收支，是体现国家政权体系活动的范围、方向、重点和政策要领，必须首先在自己制度体系的安排层面，处理好政府和市场（与作为市场主体的企业）、中央和地方、公共权力体系和公民这三大基本的经济社会关系，即"以政控财，以财行政"的财政分配，要使政府既不越位又不缺位，在市场发挥决定性资源配置作用的同时，来发挥政府应该发挥的维护社会公平正义、让市场主体在公平竞争中释放活力、弥补市场失灵、扶助弱势群体、优化收入分配等作用，来促进社会和谐和长治久安。

在这样一套逻辑链接之下，我们实质性地推进财税体制改革和配套改革，攻坚克难，目标就是要按照在党的十八届三中全会《关于全面深化改革若干重大问题的决定》文件里明确提出的，在2020年全面小康这个现代化阶段性目标实现的同时，在配套改革方面取得"决定性成果"。

显然，"现代财政制度"的建立及其所关联的深化财税改革任务，是匹配于我国建设现代国家、现代社会的"伟大民族复兴"宏伟蓝图的，我们亟须将其落实到一套以"现代性"为取向的"路线图与时间表"的状态上。

二、以包容性增长联结现代化战略目标的哲理思考和道路选择

（一）高屋建瓴统观全局的战略思维与"中国抉择"

包容性增长，这是一个由亚洲开发银行首先提出、学界也对之探讨了若干年的大概念，在我国领导高层获得明确肯定，属于全局战略命题。财政是服务于全局的"以政控财，以财行政"的分配体系，要认识好、处理好财政问题，首先要"跳出财政看财政"。面对事关国家前途、民族命运、民生福祉、"中国梦"可否成真的历史性考验，中国应在实现现代化"包容性增长"的基本路径上，做出何种理性抉择？

楼继伟把包容性增长界定为"让经济发展的成果惠及所有的地区，惠及所有的人群，在可持续发展中实现经济社会的协调发展"，对存在异议、"每人心目中不同"的如何实现包容性增长的途径问题，他首先点明这一问题的关键，是市场和政府在资源配置中"应该扮演什么角色"的问题，也是和政府税收、预算安排所体现的公共资源配置机制如何正确设计息息相关的前置问题。他列举出三种较有代表性的关于增长途径抉择的认识理解：一是以高财政收入占比，支持政府主导的大规模再分配，追求"结果的公平"，这样会导致压缩市场作用、就业不足和人民奋斗意识不足，幸福感并不见得高而经济增长率较低；二是政府更多关注发展机会的创造、鼓励人人奋斗，在市场中谋求发展，而国家适当提取财政收入和实施适当的再分配，其结果会是就业充分、人民幸福感强、经济增长率高；三是国家走低税收、高支出、高福利之路，扩大赤字和债务，个人付出较少努力享受更多福利，结果会是最后靠

通货膨胀取"平衡",实际上使低端收入人群和地区更为困难,陷入恶性循环和中等收入陷阱。对这三种理解代表的三种抉择,楼继伟指出,第二种理解是实现包容性增长的可持续的正确道路,遗憾的是,第一种和第三种理解却"总是很有市场",颇得拥护,其相关的多种原因,简要地说就是政府部门对自身"干预能力"的过分自信,以及社会公众的大多数虽认同机会公平但遇到实际机会不均等的情况,使想少付出、多享受福利的人比重上升,并且舆论环境也会恶化。他认为:"第一和第三是不归之路,我们并不是没有滑向这些歧途的可能性。第二是艰巨的改革之路,也是走向包容性增长之路,中国正在力争摆脱滑向第一、第三的可能,力争走第二条路"。

中国当下进行中的转轨进程,与"模式"这一概念必然内含的相对稳定和相对规范状态相比,显然还相距甚远,我们面临的真问题,其实是在改革开放的"中国道路"上,仍无法回避地做出的"中国抉择"问题——从当下至远景的理性"中国抉择"的战略取向。

(二)"政府万能"幻觉终归虚妄,"福利赶超"过程难在戒急

为什么只有选择第二条路才是可持续的正确道路?这固然可以从正面给出不少分析论证,但在这里,我们不妨先着重审视一下第一、第三两条路为何不可持续的基本道理。

大政府、高财政收入占比、过度注重结果均平的第一条路,哲理层面属于陷入"政府万能幻觉"的歧路,是把政府调控看得总是有理和有效,形成资源高集中度和对微观经济活动施加十分强力、极为迅速的反应。正如楼继伟所说,这里的实质是不相信市场自身的修复能力,而引出的苦果是干预措施往往适得其反,制造波动,压缩市场作用换来的是活力低,使就业率、增长率也走低。这个方向上的实证表现,我们可以从传统体制的"高度集中"弊端窒息活力、放大宏观决策失误的痛苦教训和转轨中反复表现的种种"政府万能"幻觉的负效应来认知。所以,对这一取向的虚妄性质,我们仍必须做出深刻的反省,哪怕在表象上,这条途径的支持者多么正面地强调其带来的"结果的公平化",实际上其误置的政府总是强于市场的内在逻

辑，必然毁坏发展中的活力基础，无法为人民带来可持续的幸福水平的提升。

高赤字、高举债、高福利的第三条路，理论考察是直接违反了财政分配的"三元悖论制约"，实证考察则前有一些拉美国家由"民粹主义基础上的福利赶超"而跌入中等收入陷阱一蹶不振几十年的前车之鉴，近有欧债危机中一些南欧国家在欧元保护伞撑不住后险象环生、经济社会滑落于紊乱动荡的重蹈覆辙，代价和教训可称惨痛。但这一倾向在当下的中国，随着步入中等收入阶段后的矛盾凸显而露出端倪，且往往披上了"民意外衣"；如以改善民生的导向为标榜而不讲其基本、非基本之别和理性程度，提到民生就好像站在道德高地上而忽视其满足条件的匹配与渐进——在这后面，隐含着"吊高民众胃口而不持续"之忧患，有关部门也常常由于不肯做得罪人的表态，甚至是只想得到叫好之声，而对与之相关的艰巨的配套改革与管理难题拖而不议、议而不决。楼继伟在援引中央经济工作会议强调的"守住底线、突出重点、完善制度、引导舆论"原则之后，指出："我们应该帮助穷人，而不应该帮助懒人，我们制度中有很多这样的问题。"

应当说，从"人民对美好生活的向往就是我们的奋斗目标"的动力源泉和"满足人民群众不断增长的物质文化生活需要"的生产目的看，伴随我国"三步走"现代化赶超战略的实施而追求民众的"福利赶超"，自是题中应有之义。但进入中等收入阶段后的一项巨大挑战是：人民群众对福利改善的预期被进一步激活和加速之后，却极易超前于政府可调动资源（包括通过深化改革增加制度机制支撑力）提供有效供给的现实能力，其危险，便是民众与政府在一段时间内，"改善民生"取向可能有蜜月般的互相呼应、互相激励，而一旦后劲跟不上，"福利赶超"就会很快从云端跌落尘埃，而跟着跌下来的，是整个经济成长、社会发展势头——一旦如此，在中等收入阶段痛失好局后想再重拾升势，经验证明难上加难。遗憾的是，在此中等收入阶段，政策环境、制度建设、社会正义机制都还不到位的情境下，民众"端起碗吃肉、放下筷子骂娘"的压力，是很容易逼迫政府实施超越客观、帮助懒人的"福利赶超"的。在这个视角上说，后发经济体进入中等收入阶段后，改善民生福利过程中的主要矛盾方面，就是"戒急"之难，不能戒急，就是中等收入陷阱之危。我们亟须对此形成清醒的认识，理性地引导舆论来讲清"减税、严控债务和大举提升福利三者不可能一并兼得"的基本道理。

第一条路和第三条路,取向形似不同,但在轻视市场作用夸大政府调控作为方面,殊途同归,不论偏于高税——平均主义,还是偏于低税——福利主义,都无法形成可持续性和包容性增长,都会走向"不归"之歧路、死路。

(三)财税服务全局的理性大前提:"真正让市场起作用"

我们应力求避免的前述两条歧路,其偏差都是轻视市场。回到党的十八大报告和全国人大通过的《政府机构改革和职能转变方案》所强调的核心问题上来,就是要处理好政府与市场的关系,以及政府与社会、公权机构与公民、中央与地方、局部与全局、短期与长远等关系,以"真正让市场起作用"为大前提,处理好以财税分配服务于"全面、协调、可持续发展"的深化改革、优化政策事项。要把创造机会均等、维护社会正义,放在最为突出的位置,既加快财税自身的改革,又积极支持配合相关改革,着重建立机制、促进包容的基本思路,并上联于党的十八届三中全会正面处理的改革顶层设计与部署。

千头万绪的改革、攻坚克难的突破创新,在逻辑原点、理性认识的大前提上,无非是怎样看待市场和怎样使政府与民众理性互动,以机会公平为重点,着重鼓励激发活力、创造力而支撑民生改善与人民幸福。正如楼继伟所言,过去30多年中国坚持市场取向的持续改革中,财税体制起了突破口与先行军的作用,尽管今后的改革和政策调整任务仍非常艰巨,但在新的历史起点上,方向既然明确,亦有一定的经验和理论的准备,我们完全有理由期待新一轮财税改革和配套改革取得更为长足的进展。

第一部分

中国财政改革发展的回顾反思与国际经验

一、公共财政对全面改革的支撑

党的十八届三中全会提出,"财政是国家治理的基础和重要支柱,科学的财税体制是优化资源配置、维护市场统一、促进社会公平、实现国家长治久安的制度保障。必须完善立法、明确事权、改革税制、稳定税负、透明预算、提高效率,建立现代财政制度,发挥中央和地方两个积极性。"这些要求包含丰富的内容,也关联一系列我国改革中的攻坚克难与协调配套,是服务于实现国家治理的现代化、让统一市场对资源配置优化发挥决定性作用、促进社会公平和实现国家长治久安的制度建设的,是服务和支撑改革全局的。在此之前,我国财税改革伴随着社会主义市场经济体制的建立与完善,历经30多年推进、深化,建立了较为完善的公共财政体制,特别是1994年分税制改革和1998年开始建立公共财政制度的探索和公共财政体制的不断完善,有力支撑了经济社会全面协调可持续发展。

(一) 1994年分税制改革的里程碑意义和历史性贡献

中国已经进入启动新一轮经济体制配套改革的关键时期,与此前若干轮改革类似,财税改革再次成为研讨和推进配套改革的切入点,其中又以如何认识和深化

1994年以来的分税制改革为核心。

在学术界已形成的、较为普遍的共识是，税收制度是规范政府与企业分配关系的制度安排，财政体制则是处理政府间分配关系的制度安排。如在学理层面做更周详的审视，可知实际上这一认识是远未到位的。财政作为一国政权体系之"以政控财，以财行政"的分配体系，对其做直观考察，首先是解决政府为履行其社会管理权力和职能而配置公共资源的问题，与之密切相关、无可分离的，便是其所牵动的整个社会资源的配置问题。因此，财政制度安排（包括解决政府"钱从哪里来"问题的税收与非税收入、"钱用到哪里去"问题的支出、转移支付，以及资金收支的标准化载体即预算等的一系列体制、制度、机制的典章式规定）处理的实质问题，是处理经济社会生活中的三大基本关系：政府与市场主体的企业之间；中央政府与地方各级政府之间；公权体系与公民之间的财力、资源、利益分配。

因此，财政体制首先要解决资源配置中基于产权契约和法治环境、政府作用之下的效率激励、创业创新响应机制问题，以及利益分配过程的公正、可预期、可持续问题，进而服务、影响、制衡资源配置全局。邓小平1992年"南方谈话"后在我国所确立的社会主义市场经济目标模式，实际确立的是多种经济形式和产权规范的法治化取向不可逆转、公平竞争市场和间接调控体系的成型，因而，完全合乎逻辑地要引出在1993年加紧准备、于1994年1月1日正式推出的"分税制"配套改革。这正是与中国经济社会历史性转轨中通盘资源配置机制的再造相呼应的制度变革。

对于1994年分税制改革（简称"94改革"）的评价，学界多从当年改革目标之一——"提高中央财政收入占财政收入比重"的实现程度来评判和肯定其取得巨大成功。不错，这一问题是促进"94改革"并提供决策层空前一致的"政治资源"来推行这一改革的直接因素之一，但全面地看，1994年分税制改革的里程碑意义和历史性贡献远远不仅于此。在转轨、改革的基本逻辑链条上展开评价，其贡献和意义在于，使中国的财政体制终于从中华人民共和国成立不久的20世纪50年代即不得不告别严格、完整意义的统收统支而反复探索却始终不能收功的"行政性分权"，走向了与市场经济相内洽的"经济性分权"，突破性地改造了以往不论"集权"还是"分权"都是按照企业行政隶属关系组织财政收入的体制症结。在"缴给谁"和"按照什么依据缴给谁"的制度规范上，前所未有地形成了所有企业不论大小、不讲经济性质、不分行政级别，在税法面前一律平等、一视同仁，"该缴国税缴国税，该缴地方税缴地方税"的真正公平竞争环境，提供了在激发微观企业活力基础上有利于培育长期行为的稳定预期，也使中央地方间告别了行政性分权历史阶段分成制下无休止的扯皮和包干制下"包而不干"延续扯皮因素的"体制周期"，打破了令人头痛的"一放就乱，一乱就收，一收就死"的循环，打开新局面，形成了政府对市场主体实行宏观"间接调控"的机制条件和中央与地方间按税种或按某一税种的同一分享比例分配各自财力的比较规范、稳定的可持续体制安排。

正是在这种以统一、规范、公正公平为取向处理政府与企业、中央与地方、公权与公民分配关系的"三位一体"框架下，新的体制淡化了每一具体地区内各级政府对各种不同企业的"远近亲疏"关系，和由亲疏而"区别对待"中的过多干预与过多关照，抑制了地方政府与中央政府的讨价还价机制和地方政府之间"会哭的孩子有奶吃"的苦乐不均"攀比"机制，既为企业创造了良好的市场经营环境，也为地方政府营造了一心一意谋发展中认同于规范化的制度氛围。

当然，魄力和动作极大的"94改革"，在多方面制约条件之下，仍只能是提供了以分税分级体制处理三大关系的一个初始框架，仍带有较浓重的过渡色彩。深化改革的任务，在其后已完成了一些，但如何在省以下真正贯彻落实分税制的任务，还远未完成。1994年以来，我国各省级行政区以下的地方财政体制，总体而言始终未能如愿地过渡为真正的分税制，实际上就是五花八门、复杂易变、讨价还价色彩仍较浓厚的分成制和包干制。为人们所诟病的基层财政困难问题、地方隐性负债问题和"土地财政"式行为短期化问题等种种弊端，实际正是在我们早已知道而欲作改变的分成制、包干制于省以下的无奈运行中产生的。把地方"基层困难""隐性负债""土地财政"问题的板子打在分税制身上，是完全打错了地方，由此会实际否定"94改革"的大方向。这是一个大是大非问题，不可忽视、轻看，必须说明白、讲清楚。

总之，我国财政体制"94改革"由"行政性分权"转为"经济性分权"而支撑市场经济改革的全面意义和"里程碑"性质，值得充分肯定，为坚持其基本制度成果,必须正视其"未完成"状态而努力深化改革。

(二)分税制内洽于市场经济体制

搞市场经济,就必须实行分税分级财政体制——这是世界各国在市场经济发展中不约而同形成的体制共性与基本实践模式。我国于前面60年的财政体制反复探索中的经验和教训,也足以引出这个认识。我们有必要按照基本分析思路来审视:为什么建设与完善社会主义市场经济,必须坚持分税制改革方向?

市场经济与计划经济两者的本质差异,在于资源配置方式的不同。计划经济以政府直接配置资源为特征,反映在财政体制上便是政府运用其事权和财权不仅提供公共产品和为提供公共产品而筹集财政收入,还需要配合政府管制式直接介入非公共产品领域与微观经济活动。客观地说,高端决策层对与之伴随而来的财权、事权高度集中状况和由此产生的活力不足问题,并非没有引起足够重视和不思改变,1956年就在"十大关系"的探求中提出分权思维,但是先后以1958年和1970年为典型代表的大规模向地方分权举措,都很快铩羽而归,徒然走了"放乱收死"的循环过程而不得不落到财政"总额分成、一年一定"的无奈状态。到了1980年之后,改革开放新时期以"分灶吃饭"为形象化称呼的分权,是以多种"地方包干"配合全局渐进改革和向企业的"放权让利",调控格局由"条条为主"变为"块块为主",在松动旧体制、打开一定改革空间后,却并未能触及和改造政府按行政隶属关系组织财政收入和控制企业这一旧体制症结,很快又形成了"减税让利"已山穷水尽而企业却总活不起来、地方又演化为"诸侯经济"的局面,中央政府调控职能进退失据、履职窘迫的不良状态已在政治上、经济上皆不可接受,这才最终形成了走向经济性分权的1994年分税制改革。

必须强调,1994年分税制改革是以邓小平确立社会主义市场经济目标模式为大前提的。以市场配置资源为基础机制的市场经济,要求政府职能主要定位于维护社会公平正义和弥补市场失灵和不足,因而政府的事权、财权主要定位在公共领域,"生产建设财政"须转型为"公共财政",以提供公共产品和服务作为主要目标和工作重心。所以制度安排上,必然要求改变按行政隶属关系组织财政收入的规则,走向法治背景的分税分级体制，让企业得以无壁垒地跨隶属关系、跨行政区域兼并重组、升级优化，释放潜力、活力，充分公平竞争。同时，在政府间关系上，也遵循规范与效率原则，由各级政府规范化地分工履行公共财政职能，将事权与财权在各级政府间进行合理划分，配之以财力均衡机制，即以资金"自上而下流动"为主的转移支付。这个框架，即是"经济性分权"概念下的财政分权框架，形态上类似于"财政联邦主义"国际经验的分税分级财政体制安排。

分税制是分税分级财政体制的简称。其体制内容，包括在各级政府间合理划分事权（支出责任）与财权（广义税基配置）；按税种划分收入建立分级筹集资金与管理支出的财政预算；进而合乎逻辑地引出分级的产权管理和举债权管理问题，以及转移支付体系问题。分税制既适应了市场经济下政府维护市场秩序、提供公共产品职能定位的内在要求，也迎合了各级政府间规范化、可预期地分工与合作，以提高公共资源配置效率这种公共需要。

因此，一言以蔽之，分税制财政体制内洽于市场经济。在我国不断深化社会主义市场经济体制改革和推进全面配套改革，"五位一体"地实现现代化中国梦的征程上，坚持分税制财政体制改革方向，是不可动摇的。从1994年以来的基本事实出发，近些年来地方财政运行中出现的县乡财政困难、隐性负债、土地财政、"跑部钱进"等问题，绝非分税制所造成的，恰恰是因为分税制改革在深化中遇阻而尚没有贯彻到位、特别是在省以下还并未成型所引致。

面对现实生活中与基层困难、地方隐性负债和"土地财政"短期行为相关的问题与弊端，除了有不了解省以下真实情况而把这些负面因素归咎于1994年分税制改革（实质上这会否定与市场经济相配套的财政改革与转型大方向）这种错误认识之外，还有一种虽未在表述上全盘否定分税制方向，却从强调"因地制宜"切入而提出的"中央与省之间搞分税制、省以下不搞分税制""非农区域搞分税制、农业区域不搞分税制"的主张，作者曾将其概括为"纵向分两段、横向分两块（两类）"的设计思路而撰文提出不同意见。这一设计思路看似以"实事求是"为取向，要害是未能领会市场经济资源配置的内在要求，脱离了中国经济社会转轨的基线和现实生活中的可操作性，属于一种使财政体制格局重回"条块分割""多种形式包干"的思维方向，完全未能把握深化改革的"真问题"：一个统一市场所要求的各种要素无壁垒流动的制度安排，如何能够如此"因地制宜"而横、纵皆为切割状态？

如果说省以下不搞分税制，那么实际上这恰恰就是"94 改革"以来因深化改革受阻业已形成、为人诟病的现实状态，真问题是如何走出这一"山重水复疑无路"的不良困境；如果说"农业地区不搞分税制"，那么且不说实际操作方案中如何可能合理地将我国具体划分各类大大小小、与非农地区仅一线之分的"农业地区"，只要试想一下体制分隔、切割状态下各个区域中的企业将如何形成我国目前第一大税种——增值税的抵扣链条，以及各地政府将如何处理各自辖区的企业所得税索取权？为防止这种将导致紊乱的状态而应抓住的真问题，是统一市场的资源配置优化机制，必然要求分税制"横向到边，纵向到底"地实施，达到其制度安排的全覆盖——分税制改革的制度创新的内在要求如此，与之相联系、相呼应的管理系统创新、信息系统创新，也必然都应当"横向到边，纵向到底"地全覆盖。

（三）完整、准确地理解分税制所应澄清的几个重要认识

分税制财政体制是一个逻辑层次清晰、与市场经济和现代社会形态系统化联结的制度框架，需要从政府与市场关系这一"核心问题"入手，在"让市场充分起作用"的取向下，完整地、准确地理解，才有利于消除诸多歧义，寻求基本共识。

第一，分税制的逻辑起点，是市场经济目标模式取向下政府的职能定位和所获得的收支权。

在市场经济中政府应从计划经济下直接配置资源的角色退位于主要在市场失灵领域发挥作用，提供公共产品与服务和维护社会公平正义。各国共性的政府事权范围，大体取决于公共产品的边界。为履行政府公共职责，社会必须赋予政府配置（获取和支配）资源的权力，这其中便包括在配置经济资源中获取资金的权力和支配资金的权力，现代社会通常表现为立法机关授权。其中收入权包括两类：一类是征税（费）权，另一类是举债权。前者即为通常意义的财权，后者实为与形式上"无偿"取得收入的财权相辅助的"有偿"方式的权变因子——相应地，政府收入类型分为税、费和债，其中以税收为主（如果为提供跨时、跨代际公共产品而融资，则可以举

债)。至于如何征税,则需要同时考虑收入足额目标和尽可能不对市场形成扭曲,并对社会成员利益适当"抽肥补瘦",这客观要求税制设计要具备统一、规范、公平、效率取向和形成必要的差异性("对事不对人"地区别对待)。在税收制度的安排上要求尽量保持税收的"中性",是为尽量避免对资源配置产生扭曲影响,然而发挥对市场的引导作用和政府宏观调控作用,又要无可避免地加入税制的适当差异化设计。因此,在商品经济不发达的农业时代,通常只能把以耕地作为税基的农业税作为首选;随着商品经济的兴起,以商品流转额为税基的流转税得到各国青睐;当经济进一步发展到近现代后,所得和财产类税基便受到了各国的重视。分税制体制的整体设计,必然要求以政府在现代社会"应该做什么、不应该做什么"和政府对市场主体和纳税人的调节方式为原点,即以尊重市场和服务与引导市场经济的政府职能定位及其适当履职方式为逻辑起点,把财政事权(支出责任)的分级合理化与复合税制的分级配置税基合理化这两方面,在分级收支权的制度安排体系中整体协调起来。

第二,政府事权范围对政府收入规模(广义宏观税负)起着大前提的作用。

政府的收入权,为政府实际筹集收入提供了可能,而实际需要筹集的收入规模(通常为政府可用财力在 GDP 中的占比即广义"宏观税负"为指标)则首先取决于政府事权范围,或者取决于特定国情、阶段、战略设计等诸因素影响制约下的公共职能的边界。这反映着一种政府"以支定收"的理财思想所带来的规律性认识,同时也可依此视角来对近年来关于我国宏观税负高与不高的争论做出点评与回应。剔除财政支出效率和各国公共产品供给成本的客观差异等因素,所谓宏观税负高与不高,主要取决于政府职能定位、事权范围的大小。从工业革命之后各国实践情况看,政府支出占比的长期表现均呈现上升趋势,这便是由著名的"瓦格纳定律"所做的归纳——其根本原因在于随着社会发展,经济社会公共事务趋于复杂和服务升级,政府公共职能对应的事权范围渐趋扩大。

中国政府事权范围和职能范围边界,在传统体制下总体而言明显超出成熟市场经济国家(这里未论"城乡分治"格局下的某些乡村公共服务状况),改革开放以来有所趋同,但仍差异可观,除有政府职能转变不到位而导致的政府越位、缺位和资金效率较低等因素外,还包括转轨过程中的特定改革成本;为落实赶超战略实现民族伟大复兴而承担的特定经济发展职责；我国力求加速走完成熟市场国家上百年的工业化、城市化进程，导致在其他国家顺次提供的公共产品(有利于市场发展的基本制度、促进经济发展的基础设施以及有助于社会稳定和谐的民生保障品)等，在我国改革开放40年内较密集地交织重叠。

上述分析并不否定市场改革不到位、政府越位、支出效率低下而导致公共资源配置不当、浪费所带来"无谓"政府支出或较高行政成本的问题，主要是想说明，政府事权范围是决定宏观税负高低的前提性认识框架，不同国家，发展阶段不同，国情相异，所以各国间静态的宏观税负可比性不强。中国的特定国情和当前所处的特殊阶段，导致政府事权范围较广，在既成宏观税负和政府支出占比水平之中，除确有一些不当因素之外，也具有其一定的客观必然性和合理性。

上述分析表明，市场失灵要求政府履行公共职责(事权)，相应需赋予其获取、掌握(配置)经济资源的权力(收入权和支出权)，而政府借收入权获取收入规模(政府可用财力/GDP占比)的大前提取决于事权范围，当然，实际获取收入的规模又同时取决于经济发展情况、征管能力、税费制度设计与政策以及政府的公信度等因素。因此，事权和应顺应于它的财权是"质"的制度框架性规定因素，它更多地反映着财政体制安排，而财力规模与宏观税负是事权、财权大前提、大框架下多种因素综合作用生成的"量"的结果。

第三，事权划分是深化分税制改革中制度设计和全程优化的始发基础环节。

分税制财政体制内容包括事权划分、收入划分和支出及转移支付三大部分。其中，反映政府职能合理定位的事权划分是始发的、基础的环节，是财权和财力配置与转移支付制度的大前提。因此，我们理应避免只讨论收入如何划分的狭隘眼界，而应以事权合理化为前置条件，全面完整、合乎逻辑地讨论如何深化我国的分税制改革。

与讨论政府总体收入规模之前需要界定合理事权范围相类似，讨论各级政府财力规模和支出责任的合理化问题之前，必须合理划分各级政府之间的事权。这符合第一层次以支定收的原理。只有各级政府间事权划分合理化，支出责任才可能合理化，才可以进而讨论如何保证各级财力既不多也不少，即"财权与事权相顺应(相内洽)、财力与事权相匹配"的可行方案。

把某类事权划给某级政府,不仅意味着该级政府要承担支出责任,更要对公共产品的质量、数量和成本负责。因此,"事权"与"支出责任"两个概念其实并不完全等同,支出责任是事权框架下更趋近于"问责制"与"绩效考评"的概念表述。公共财政的本质要求是在"分钱"和"花钱"的表象背后,来对公共服务责任进行合理有效的制度规制以寻求公共利益最大化。

一般而言,不同政府层级间的事权划分要考虑公共产品的属性及其"外溢性"的覆盖面、相关信息的复杂程度、内洽于全局利益最大化的激励-相容机制和公共产品供给效率等因素。属于全国性的公共产品,理应由中央政府牵头提供,地区性的公共产品,则适宜由地方政府牵头提供。具体的支出责任,应合理地对应于此,分别划归中央与地方。同时,由于地方政府较中央政府更具有信息优势,更了解本地居民需要,因而在中央政府和地方政府均能提供某种公共服务的情况下,基于效率的考虑,也应更倾向于由地方政府提供。

第四,广义税基收入划分主要取决于税种的属性与特点,且要求地区间税基配置框架大致规范一律,但各地实际税收丰度必然高低不一,客观存在我国尤为突出的财政收入的地区间"横向不均衡"。

在事权合理划分之后的逻辑环节,依次为财权配置(广义税基划分安排)、预算支出管理和相应于本级主体的产权和举债权配置问题。这里先看税基划分。

按税种划分收入(即税基配置),属于分税制财政体制框架下的题中应有之义和关键特征。政府所有的规制和行为,均应以不影响或尽量少影响生产要素自由流动和市场主体自主决策为标准,相应的收入(税基)划分,则需要考虑税种对生产要素流动影响,以及中央、地方分层级的宏观、中观调控功能实现等因素。税种在中央、地方间的划分即税基的配置,一般认为要遵循如下基本原则:与国家主权和全局性宏观调控功能关系密切或税基覆盖统一市场而流动性大的税种,应划归中央;而与区域特征关系密切、税基无流动性或流动性弱,以及税基较为地域化、不会引起地区间过度税收竞争和需要"因地制宜"的税种,应划归地方。按此原则,如关税、个人所得税、增值税、社会保障税等应划归中央,如房地产税、陆地资源税、特定地方税等应划归地方。

我国"94改革"后在收入划分上为考虑调动地方积极性，将税基大或较大的几个税种(增值税、企业所得税、个人所得税)作为共享税，但这些同经济发展直接相关、税基流动性特征明显的主力税种划定为中央与地方共享税，在一定程度上违背了收入划分的应有原则，结果是刺激地方政府承担较多的经济发展事权以及在相互之间实行过度的税收竞争。因此，"分财权(税基)"和"分财力(收入)"，均有其需遵循的科学规律和所应依据的客观内洽机制，不应简单地按照人的主观意志与偏好行事，这方面人为的调控空间很有限度。

无论税种(税基)在政府间如何配置，收入是独享还是共享，其划分原则和共享办法与比例，在一个国家内应是上下贯通、规范一律的。即使那些不宜由中央或地方专享，出于过渡性的甚至是长期理由不得不划为共享税的税种(如我国目前的增值税、企业所得税和个人所得税)，也需要执行全国统一的分享办法和分享比例。假如我们不能坚持最基本的"全国一律"特征，我国1994年形成框架的分税制的根基就会被动摇。试想，如按听来似乎"有道理"的主张，把欠发达地区的增值税25%分享比重(或所得税40%分享比例)提高，用以"因地制宜"地缓解地方困难，那么假定这一个省(区)如果调为50%，另一个省(区)马上会抬出一大堆理由要求升为60%，最欠发达的边远省(区)则可能会要求70%以上，而中部地区、发达地区同样会很快愤愤不平地摆出一大串理由与"困难"来要求也改变比例。这样，体制的实际规则，就会转变为"一地一率"、讨价还价的分成制，分税制体制的基本框架便将随之轰然倒塌，原来弊病丛生、苦乐不均的"会哭的孩子有奶吃"、无休止的扯皮、"跑部钱进"和桌面之下的灰色"公关"等问题，就都会卷土重来，按税种划分中央、地方收入的基本逻辑将荡然无存。这样，现实中的财政体制便不是与统一市场、公平竞争环境及体制稳定规范性相契合的"分税制"体制了。因此，即使是共享税，其切分办法也必须全国一律，"因地制宜"要靠后面的转移支付来处理，这实际成为维护我国"94改革"基本制度成果的底线。

需要强调的是，各地区税基配置统一、分享办法相同、分享比例一律，并不意味着各地区实际的税收丰度(某一税种的人均可实现收入数量)均平化，却会出现由于地区经济发展水平的差异及其他相关因素而大相径庭的情况。这就注定会产生区域间财政收入丰度显著的"横向不均衡",这种情况在区域差异悬殊的我国尤为显著,客观地形成了比一般经济体更为强烈的均衡性转移支付制度需求。

第五,因收入与支出两者在政府间划分遵循不同原则,各地税收丰度和供给品成本又必然不同,中央本级、地方本级不可能各自收支平衡,客观上需要以基于"中央地方纵向不均衡"的自上而下的转移支付制度,调节"地区间的横向不均衡"。

规范的制度安排内在地要求各地税种一律、分享比例一律,但实际的税收丰度却会由于地区经济发展水平的差异及其他相关因素而大相径庭,注定会产生区域间财政收入丰度显著的"横向不均衡"。与此同时,地方政府提供"基本公共服务均等化"所需的公共产品的供给成本,却又会因巨大的地区差异而产生另一个支出负担上的"横向不均衡",使欠发达省(区)面临更大困难。因为恰恰税收丰度很低的地方,大都是地广人稀、高原山区、自然条件较严酷而提供公共产品的人均成本非常高的地方;又恰恰税收丰度较高的地方,一般都是人口密集、城镇化水平高、自然条件和生存环境较好因而提供公共产品的人均成本比较低的地方。财政的收入丰度低而支出成本高,这就是欠发达地区普遍面对的困难处境,因此,分税制框架下对这个问题的解决之道,便主要需依仗"自上而下"的中央财政、省级财政对欠发达地区的转移支付制度安排,形成可持续的调节区域差异的通盘方案。

(四)公共财政为建立现代财政制度奠定良好基础

财政制度安排体现政府与市场、政府与社会、中央与地方关系,涉及经济、政治、文化、社会、生态文明等各方面。1994年分税制改革以提高"两个比重"为基础调整了中央与地方政府的财政关系,强调发挥中央与地方两个积极性,形成了我国现有财政制度的基本框架,成为20世纪我国市场经济体制改革的重要突破口,奠定了我国20年来社会经济高速发展的基础;同步推进的税收制度改革则进一步规范了政府与市场的关系,释放了微观市场主体的活力,有效促进市场经济体制运行,提高了政府调控经济的能力。1998年开始建立公共财政制度的探索将重点放在支出制度的完善和支出结构的调整上,财政支出的重点从经济建设领域转向民生领域。

1999年启动了预算制度改革，通过部门预算、国库集中收付和政府采购等制度的引入，初步构建了现代预算体系框架，预算的公开性、民主化程度显著提高。公共财政体制的建设与完善，较好地规范了中央与地方、国家与企业、政府与市场间的关系，为构建现代财政制度奠定了良好基础。

不同于1998年以来所强调的公共财政，现代财政制度的内涵更加丰富。现代财政制度是对传统财政制度的继承和发展。市场经济的兴起与传统财政制度有着内在的冲突。市场、资本与政府之间因为收入与支出之间的矛盾越发冲突，亟待构建一套能够约束政府收支行为的新型财政制度。现代政府预算制度就是在这样的背景下建立起来的。现代财政制度自身也在不断演变之中，并越发凸显国家治理理念。党的十八届三中全会通过的《中共中央关于全面深化改革若干重大问题的决定》中，首次从国家治理高度，明确了财政是国家治理的基础和重要支柱，并将建立现代财政制度作为重要的战略取向。并从三个方面提出构建现代财政制度的重点：建立完整、规范、透明、高效的现代政府预算管理制度；建设有利于科学发展、社会公平、市场统一的税收制度体系；建立事权与支出责任相适应的制度。由此可见，现代财政制度的特征表现为，现代财政制度是与国家现代化建设相适应的制度、适应动态财政治理需要的民主法治化财政制度。

二、现代国家治理目标下财政体制存在的问题与改革阻碍

国家治理体系和治理能力建设成为全面深化财税体制改革的总体出发点。公共财政作为公权力实现公共职能的载体和途径，将被赋予更加丰富的战略内涵。在全面深化改革新时期，通过深化财税体制改革提升国家治理能力，发挥财政国家治理基础性、支柱性作用将是一个重要的现实选择。但是，建立现代财政制度、深化财政体制改革，仍面临一些障碍和阻力。

1994年的分税制改革是我国社会主义市场经济发展中宏观间接调控体系的奠基性改革，终于实现了从反复探索而总走不通的行政性分权向可以使路径走通的"经济性分权"的决定性转变，成效显著、影响深远。之后20年间，在财政体制方面

又进行了多次调整与完善。但是，仍然存在诸多问题和改革障碍，需要我们进一步研究分析，以求"对症下药"地做出改进。第一，由于受到一些客观条件的制约，1994年财税体制改革并不完整，仍留下一些制度性问题没有解决，比如事权与支出责任、政府间收入划分、转移支付制度、省以下财政体制等仍存在问题。第二，政策优化、绩效提升所需的管理制度、机制支撑不足问题。比如在实现预算全口径、发展绩效管理与问责机制、优化政府会计制度、审计与监督制度等方面亟待改进。第三，经济发展阶段的转换对财政的可持续问题也提出了新的挑战，诸如经济进入"新常态"、财政收入增速下滑、可能面临的"刘易斯拐点"出现、财政风险的积累等。第四，法律现状方面的制约和缺失，以及路径依赖所产生的惰性、约束将成为推进改革的障碍。特别是既得利益者已经成为改革最大的风险和阻力，财税改革中既得利益者则很可能包括政府及政府部门自身。

三、"十三五"时期在全面改革中深化财政改革是大势所趋——大思路和基本要领

中国经济要适应，还要引领新常态，全面深化改革开始进入了顶层设计制定后的落实阶段，是"攻坚期中的攻坚期"，动力与阻力并存，"十三五"规划酝酿和展开之时，把握通盘方略并适时调整具体实施方案，是全面深化改革的突破之道。财政体制改革将是全面深化改革中的一项关键之举。在深化改革中健全完善我国分税制财政体制，是建设现代财政制度、服务于国家治理体系和治理能力现代化的大势所趋。

基于多年研究，我们认为，中国深化财政改革的大思路，应是在明确政府改革中职能转变、合理定位的前提下，配合政府层级的扁平化和"大部制"取向下的整合与精简化，按照中央、省、市县三级框架和"一级政权、一级事权、一级财权、一级税基、一级预算、一级产权、一级举债权"的原则，配之以中央、省两级自上而下和地区间横向的转移支付制度，建立内洽于市场经济体制的事权与财权相顺应、财力与支出责任相匹配的财政体制。

根据"94改革"以来分税制深化改革不如人意的突出矛盾和真实问题，今后改革的重点至少应包括以下几点。

第一，在"最小一揽子"配套改革中积极、渐进地推进省以下分税制的贯彻落实，通过省直管县、乡财县管和乡镇综合配套改革，在大面上将我国原来的五个政府层级扁平化为中央、省、市县三个层级（不同地区可有先有后），以此作为由"山重水复"变"柳暗花明"的一个框架基础。

第二，在顶层规划下调整、理顺中央与地方三层级事权划分，进而按照政府事务的属性和逻辑原理，合理和力求清晰地划分政府间支出责任，尽快启动由粗到细形成中央、省、市县三级事权与支出责任明细单的工作，并在其后动态优化和加强绩效考评约束。地方政府应退出一般竞争项目投资领域；经济案件司法审判权应集中于中央层级。

第三，以税制改革为配合，积极完善以税种配置为主的各级收入划分制度。大力推进资源税改革和推进房地产税立法；扩大消费税征收范围、调整部分税目的消费税征收环节，将部分消费税税目收入划归地方；将车辆购置税划归为地方收入；在积极推进"营改增"的同时，将增值税中央增收部分作为中央增加对地方一般性转移支付的来源。

第四，按照人口、地理、服务成本、功能区定位等因素优化转移支付的均等化公式，加强对欠发达地方政府的财力支持；适当降低专项转移支付占全部转移支付的比重，归并、整合专项中的相似内容或可归并项目；尽量提前具体信息到达地方层面的时间，并原则上取消其"地方配套资金"要求，以利地方预算的通盘编制与严肃执行。此外，还应积极探索优化"对口支援"和"生态补偿"等地区间横向转移支付制度。

第五，结合配套改革深化各级预算管理改革，在全口径预算前提下从中央级开始积极试编3~5年中期滚动预算；把单一账户国库集中收付制发展为"横向到边、纵向到底"；配之以"金财工程""金税工程"式的全套现代化信息系统建设来支持、优化预算体系所代表的全社会公共资源配置的科学决策；应加快地方阳光融资的公债、市政债制度建设步伐，逐步置换和替代透明度、规范性不足而风险防范成本高、难度大的地方融资平台等隐性负债；地方的国有资产管理体系建设也需结合国有资本经营预算制度建设而积极推进。

第六，在"渐进改革"路径依赖和"建设法治国家""强化公众知情与参与"多重约束条件和逻辑取向下，逐步而积极、理性地推进财税法制建设，掌握好服务全局大前提下"在创新、发展中规范"与"在规范中创新、发展"的权衡点，强化优化顶层规划和继续鼓励先行先试，在经济社会转轨历史时期内，不断及时地把可以看准的稳定规则形成立法。

四、分税制的国际实践与中国借鉴

财政作为一国政权体系之"以政控财，以财行政"的分配体系，首先是解决政府为履行其社会管理权力和职能而配置公共资源的问题，与之密切相关、无可分离的，便是其所牵动的整个社会资源的配置问题，因此财政制度安排所处理的实质问题，是处理经济社会生活中的三大基本关系：政府与市场主体之间，中央政府与地方各级政府之间，以及公权体系与公民之间的财力、资源、利益分配。政府与千千万万家企业、中央政府与地方各级政府、公权体系与公民或纳税人之间的权、责、利关系，必然地体现、交汇于财政体制。"以政控财，以财行政"的财政分配，其体制安排首先要解决的是资源配置中基于产权契约和法治环境、政府作用之下的效率激励、创业创新响应机制问题，以及利益分配过程的公正、可预期、可持续问题，进而服务、影响、制衡资源配置全局。

分税制是分税分级财政体制的简称。国际视野下可做出的基本观察概括是：人类社会发展到现代文明的阶段，分税分级财政体制是世界各国在市场经济发展中不约而同形成的体制共性与基本实践模式。其体制内容，首先包括在各级政府间合理划分事权（支出责任）与财权（广义税基配置）；按税种划分收入建立分级筹集资金与管理支出的财政预算；进而引出分级的产权管理和举债权管理问题，以及转移支付体系问题。分税制既适应了市场经济下政府维护市场秩序、在法治化环境中形成市场主体公平竞争长效机制和提供公共产品职能定位的内在要求，也迎合了各级政府间规范化、可预期地分工与合作以提高公共资源配置效率这种公共需要。

以市场配置资源为基础机制的市场经济，要求政府职能主要定位于维护社会公平正义和弥补市场失灵和不足，因而政府的事权、财权主要定位在公共领域，以提供公共产品和服务作为主要目标和工作重心。在政府间财政关系上，遵循外部性、信息处理复杂性和激励相容的原则，由各级政府规范分工履行公共财政职能，将事权与财权在各级政府间进行合理划分，配之以财力均衡机制即以资金"自上而下流动"为主的转移支付。这个框架，即是"经济性分权"概念下的财政分权框架，也即"财政联邦主义"国际经验中的分税分级财政体制安排。

（一）美国分税制的基本情况

美国是典型的联邦制市场经济国家，政府机构分为联邦、州、地方（郡、市、镇、学区、特区等）三级。美国历史上经历了由邦联到联邦的发展过程，经过不断的实践和改进，基本上形成了比较规范的政府间财政关系，即各级政府都有明确的事权和财权，实行以分别立法、财源共享、自上而下的政府间转移支付制度为特征的分税制。

1. 各级政府事权划分

美国各级政府在事权划分上遵循以下的原则：一是受益范围原则。即以项目受益对象不同、受益范围大小作为区分各级政府职能的依据。凡具有宏观的、全局的、整个国家和全体人民受益的公共性项目由联邦政府负责。凡具有以州或地方为整体，受益范围仅限某一区域的项目，由州或地方政府承担。二是提高效率原则。即某项事务或项目由投资成本最低、工作效率最高的那一级政府负责。三是事权与财权相统一的原则。即一级政府事权与一级政府财权相适应，并使财政能力在各级政府间合理分配。根据上述原则，州政府主要提供受益于本州内的公共产品和服务，主要有州级行政、社会福利、教育、债务、基础设施、管理州内工商业和交通等。与事权范围相适应，州政府的支出责任包括公共建设、基础教育、医疗和保健支出、收入保险、公共福利项目、消防、警察、煤气及水电供应、州政府债务的还本付息等。

美国地方政府（这里指州以下政府，与我国地方政府的含义不同）的主要事权范围是负责地方行政管理、治安、消防、交通管理、公用事业、地方教育、地方基础设施的投资建设、家庭和社区服务管理等。

用法律形式确定各级政府的权责，从而为划分各级财政的支出范围奠定了基础。一般地说，州政府的财政支出主要用于发展教育、公用福利、公路建设以及医疗卫生事业，地方政府的财政支出主要用于治安、消防、环卫等方面。

2. 各级政府税收收入划分

联邦、州、地方政府，都编制执行自己的独立预算，有权依法掌握本级税种、税率的设置与变动，具有自己相对稳定的收入来源。

对于各级财政的财权职责，联邦宪法都有明确的规定。联邦财政权限主要包括课税权力与支出职能。联邦宪法规定，国会有权规定课征各项税收，用于偿债、国防和合众国的整体利益。这种整体利益被解释为不仅包括一般目标，如国防、司法，而且也包括以特殊地区或人口集团为目标的高度选择计划，如援助性补助与转移支付。统一课征原则，联邦宪法规定："各种关税、国内货物税及其他课税应全国一致。"课税一致性是规定各州同一税种的税率一致，而不是税额一致。对同等纳税人要求同等待遇，不论地区和税源的大小，均按比例征税。

联邦、州、地方三级政府都有各自相对独立的税收体系，享受各自的税种设置、税率设计、税款征收管理的权利。各级议会可以在宪法范围内确定自己的税收法律和制度，各级政府可以自行决定税收种类和征收标准。三级政府各自行使归属于本级政府的税收立法权、司法权和执行权，这使得美国形成了统一的联邦税收制度和有差别的州及地方税收制度并存的格局。各级政府都有一些属于自身的税种，且各级政府都有自己的主体税种。以所得税为例，三级政府都有自己的所得税法，独立征收各自的所得税，州和地方政府可自行决定对纳税人进行什么方式的扣除。如州政府对纳税人已交纳的联邦所得税，有25个州与联邦采用"统一税基，分率计征"的办法，没有扣除纳税人已交纳的部分；有16个州允许税前扣除已交纳的联邦个人所得税。在美国，征税方式、税率高低也由各级政府自行决定。

联邦政府税收包括个人所得税、公司所得税、社会保障工薪税、消费税、销售税、遗产和赠与税、关税等，其中个人所得税是主体税种。州政府的税收包括销售税、个人所得税、公司所得税、消费税和各种使用费等。其中以销售税为主体税种。该税种属价外税，与经济发展和商品流转紧密相关，适合作为独立性较大的州政府的主体税种。地方政府的税收包括财产税、销售税、所得税和一些使用费，以财产税为主。财产税征收对象是各类财产，包括不动产和动产。现实的征税主要是不动产财产税，税基是具体时点上的财产价值，税率是根据财产货币价值的一定比例确定的。各级政府同时采用共享税源、税率分享的形式来划分税收收入。即通过对个人所得税以联邦级为重点的多级同源分享征收；其他诸多税种的各自独立征收，较好地处理了美国这样一个联邦制大国各级政府间的财政关系，为各级政府分别履行其职能，实现各自社会发展和经济调控目标，提供了资金保证体系。美国的这种同源课税、财源分享的划分财政收入方式，在世界各国的财政体制中具有其独特性。

美国在税收收入的分配方式上，实行颇具特色的分率分享制，即每级财政都有一个主税种成为主要财源外，其余大部分税源各级财政按不同比率共同征收。如前所述，联邦政府是以个人所得税为主体（占联邦政府收入的45%），辅之以消费税、遗产税及关税等；州政府则以消费税为主体（占州政府收入30%以上），辅之以所得税、货物税；地方政府以财产税为主体，辅之以其他税种。在主体税种的划分上美国将税种的性质和不同级次政府的特点结合起来，而且政府级别越高，拥有的税收越多，这不但使各级政府都拥有稳定可靠的收入来源，并且有利于联邦政府施行宏观调控政策。

3. 各级政府间转移支付

各级政府间实行自上而下的政府间转移支付。

联邦政府控制着主要税种和收入来源，集中了大量的财力，在其年度预算中安排相当一部分资金，对各州和地方政府给予多种形式的补助，形成了比较完备的政府间转移支付制度。实施这种制度的目的，一方面，在于调节和缓解地区之间公共服务水平的差异；另一方面，促使州和地方政府分配行为符合联邦政府的宏观政策目标。

美国的转移支付，按照使用条件不同分成几种类型。第一，专项拨款。接受拨款的州或地方政府必须按照规定用途和方式使用。专项拨款数额最大的是社会保障、医疗保险、教育培训及交通运输等。这种拨款直接体现联邦政府的调控意图。第二，配套拨款。在专项拨款中，联邦政府要求接受拨款的州或地方政府按规定的匹配比例，从自身财力中支付资金用于一些项目建设，以引导其按照联邦政府的目标提供公共服务。第三，非专项拨款。拨款不指定用途和用款方式，可自行决定如何使用，其作用在于缩小各地由于税收能力不同所表现的公共服务水平差异，增强自主发展的能力。第四，税收支出。即由联邦政府对在州和地方征收所得税的某些项目给予减免，实际上等于对有关项目给予了补贴，如对州和地方政府债券利息免交联邦所得税。美国转移支付办法比较规范，一方面，拨款多数是根据确定的公式计算，充分考虑到人均收入、城市人口和税收征集情况，避免人为干预和影响，具有较强的透明度和公正性；另一方面，联邦政府正逐步采用代表性税制，即依据税收能力、征税努力等效率因素代替人均因素分配拨款的做法。除联邦外，州对地方政府也实行转移支付。

（二）德国分税制的基本情况

德国是实行议会制的联邦制国家，政府间的财政关系实行联邦、州、地方三级分税制体制。德国的财政分权是按照规范化的方式进行协调和运转的，并且由作为国家宪法的《基本法》加以保证。按照适度集中、相对分散的原则确定各级政府的支出范围，并且赋予各级政府一定的税收权限，采用共享税与专享税共存、以共享税为主的模式来划分税收收入。除此之外，还实行纵向和横向转移支付的制度，从而调节联邦和各个州之间财政资金的余缺。德国财政分权中所体现的规范化和法制化特征，以及保证联邦政府宏观调控主导地位等方面的做法，很值得我国借鉴。

1. 各级政府事权划分

德国实行联邦、州和地方三级政府管理体制，采取分权自治、适度集中的财政税收权限划分方式。德国是实行财政联邦制的国家，在财政理论上也是依照公共产品受益范围的大小来确定各级政府支出范围，并且认为，收入分配职责和稳定经济职责具有全国性意义，应该由中央政府在全国范围内实施这一政策，而地方政府则可以在区域性的资源配置方面发挥较大的功效。

德国《基本法》在划分支出方面首先对联邦政府的事权做出了规定。其联邦政府的事权主要包括联邦的行政管理事务、财政管理和国家的海关事务；国家安全和武装力量；外交事务和国际关系；全国性的交通和邮电通信；重大的科学研究发展计划，如空间技术、核能源、海洋开发等；包括医疗、失业、养老及福利补助在内的社会保障方面的部分开支。此外，根据法律规定，由德意志联邦银行负责货币的发行和管理。州政府的主要职责范围包括州级的行政事务、财政管理，维护社会秩序和司法管理，教育和社会文化事业，医疗卫生，环境保护。除此之外，按照高效率和低成本的原则，经过立法机构批准之后，联邦公路建设、航运、能源开发与利用等方面的职责也可以交由州政府行使。州以下地方政府的主要职责，是提供区域性特征极强的公共产品和服务。具体范围包括：地方本级的行政事务管理，基础设施建设、社会救济、文化教育事业、地方性的治安保护、公共交通以及城市发展规划等。与此同时，《基本法》还考虑到了具有交叉性特点的事务和支出问题，并且规定，属于联邦和州共同承担的职责，由双方通过协议的方式确定各自所应负的支出比例；由各州负责落实的受联邦政府委托的事务，其开支全部由联邦政府承担，但州政府必须保证做到专款专用。

2. 各级政府税收收入划分

税收权限主要包括税收立法权、开征权、调整权和减免权。德国的税收权限是按照立法权集中、执行权分散的模式进行划分的，其联邦一级在对关税等联邦税收理所当然地拥有单独立法权的同时，也对共享税享有优先立法权。州和地方对财产税等地方税种拥有较大权力，可以自行规定税率、减免和加成等。德国的联邦税务管理部门负责征收关税和联邦消费税，其他一些联邦税及地方税种由州、地税务部门征收。当联邦与州的税法产生矛盾时，由联邦做出最终裁决。此外，德国法律规定，中央已开征的税种，地方不能再开征。这与同样实行联邦制的美国和加拿大等国有所不同。

德国将全部税收划分为共享税和专享税两类。共享税为联邦、州和地方政府三级共有，或联邦和州政府两级共有，按照确定的比例在各级政府间进行分配，专享税分别为各级政府的固定收入。共享税主要有个人所得税（按43%、43%、14%的比例在联邦、州和地方政府间分配），公司所得税和增值税（联邦与州各占50%），营业税（按20%、20%、60%的比例在联邦、州和地方政府间分配）。联邦政府的专享税主要有关税、盐税、专卖税、保险税、资本流通税、联邦消费税以及欧洲经济共同体征收的税等。州政府的专享税主要有财产税、遗产税、啤酒税、消防税、机动车税、赛马及彩票税等。地方政府的专享税主要有土地税、资本和收益税、娱乐税、饮料税等。德国分税制的主要特点是以共享税为主体，共享税占全部税收总额的2/3强。各级政府的固定收入加上分得的共享税，除欧洲经济共同体抽3%以外，全部税收收入的分配比例分别是联邦48.7%、州34.7%、地方13.6%。当然，根据实际情况的变化，每隔2～4年，要通过法律程序对上述分享比例进行一次必要的调整。

3. 各级政府间转移支付

德国各级政府间实行纵向和横向财政转移支付制度。

德国的纵向财政平衡，包括联邦对州的转移支付和州对地方的转移支付这两部分。其中，联邦对州政府的转移支付，一是采取将共享收入的一部分直接拨付给州的方式，二是采取支持州里某一项或某几项事业的方式，来达到既定的政策目标。州对地方的转移支付，通常采取一般性补助和专项补助这两种形式。一般性补助，通常不指定资金的具体用途和大致投向，也不要求地方拿出相应的配套资金，而是在资金运用方面赋予地方较大的自由度，使地方可以依照本地的实际情况灵活地安排资金投向。德国的一般性补助是按照因素法的要求进行设计和实施的，这种一般性补助大约占中央向地方政府纵向拨款总数的50%以上。在计算补助数额时，首先，求出财政需求数，它等于州内各地方人均财政收入乘以该地方的人均加权人口数；

其次，求出该地方的财政能力数；最后，根据州内的实际情况，计算出一个调整系数，范围在 0.5～0.9。按照既定的公式 (财政需求数 − 财政能力数) × 调整系数求出的结果，如果地方的财政能力大于其财政需求，则州里通常不考虑对其实行一般性补助；如果地方的财政需求数大于财政能力数，则按照具体要求给予一定程度的转移性补助。专项补助，作为一种指定用途的拨款是不得挪作他用的。从地方财政角度来看，专项补助确实使之增加了财政收入，但在财力增加的同时，却并未获得相应的财权。德国州对地方的专项补助主要用于基础设施、学校、公共交通以及社会保障等方面。

联邦议会规定，东部凡是经济发达的州要上缴资金给联邦政府作为平衡基金，调剂给南部几个经济落后的州，经过相互支援后仍存在财力不足的，联邦政府再从增值税的分成中拿出一定比例作补偿。

在以实现纵向财力平衡为主的前提下，德国还通过平衡基金来调节州与州、地方与地方间的贫富差距。这主要表现为财政状况较好的州按体制办法规定直接向财政状况不佳的地区划拨财力。其基本做法，是按照因素法的要求，求出各州的财政能力和财政平衡指数，实现州际间财力的科学转移。这种横向财政平衡过程主要由四个环节构成：第一，以税收要素为基础，计算出各个州的财政（收入）能力指数。第二，在综合考虑人口规模、人口密度、年龄结构等要素的前提下，求得各个州的财政平衡指数。第三，将财政能力与财政平衡指数进行比较，确定出三个档次的情况，其中一是财力状况较好、应付出该横向转移支付资金的州；二是可以自求财政平衡的州；三是需要接受横向财政转移支付资金的州。第四，在此基础上，由联邦和应付出财政平衡资金的州按照体制规定于每个季度末向受援各州实施拨款，并在年终汇总清算。

（三）日本分税制的基本情况

日本是一个典型的实行单一制的国家，中央和地方的事权都由宪法统一规定，在中央与地方的事权划分上，地方各级政府具有相对独立性。中央财政为一级，47 个都道府县为第二级，3253 个市町村为第三级。

1. 各级政府事权划分

日本的行政机构分为中央、都道府县和市町村二级（都道府县和市町村在日本法律上称为"地方自治团体"）。日本的各级政府事权分配原则是：第一，明确行政职责原则。即彻底划分三级政府的权力，将与当地人民密切相关的事务交至地方各级政府，关系国家全局或与其他地方的利益有关的事务归中央政府，地方无力承担的事务由国家加以协调。第二，优先市町村原则。为维护民众的利益，不论哪种事务都首先考虑交给最能反映民意，且行政权力最小的市町村政府办理。第三，效率原则。对于跨区域、需要协调关系的事务，以办事效率高、费用低作为事权划分标准。根据这些原则，中央政府的事权范围主要包括全国性的行政管理事务、财政管理和国家的海关事务；国防；外交事务和国际关系；全国性的交通和邮电通信；重大的科学研究发展计划，如空间技术、海洋开发等；物价指数控制。此外，根据法律规定，由中央银行负责货币的发行和管理。作为地方政府的都道府和市町村，其主要职责范围包括地方性的行政管理事务；维护社会秩序和司法管理；基础设施；教育和社会文化事业；医疗卫生和社会福利；环境保护。除此之外，按照高效率和低成本的原则，经过立法机构批准之后，中央政府的某些职责也可以交由地方政府行使。日本的财政分权突出了地方财政的重要性，即所谓的"大地方政府"，大约有70%的政府财政支出是通过地方预算安排的。

在合理地、明确地界定事权范围基础上，科学地划分支出范围。日本《地方财政法》中规定，地方自治团体及其机构所需的业务经费，原则上由自治团体全部负担；在事权划分中，与国家和地方均有利害关系的某些特定的业务费、公共事业费和救灾等经费，由中央承担全部或一部分。由于日本地方财政支出在整个国家财政支出中所占的比重较高，而地方财政支出中相当多的一部分要用于基础设施投资，所以地方公共性投资在日本的整个投资中占有较高的比重。可以说，这是日本财政管理体制下地方财政分权的一个特征。

2. 各级政府税收收入划分

日本的税收划分主要遵循三个原则：一是以事权划分为基础；二是大宗的税源归中央；三是涉及宏观政策的税种划归中央，受益特征明显的税种划归地方。国税由大藏省所属的国税局负责征收，地方税分为都道府县税和市町村税，分别由本级财政局下属的税务部门负责征收。值得补充的是，当地方财政出现入不敷出的状况时，可以开设法定外的税种，当然这种税在开征之前需要履行严格而复杂的审批手续。

日本的税种较多，税收制度相当复杂。列为国税的税种有个人所得税、法人税、继承税、赠与税、消费税、烟税、地价税等；属于都道府县税的税种主要有都道府县居民税、企业税、不动产获得税、都道府县烟草税、高尔夫球场税、特别地方消费税、汽车税、煤井税和狩猎登记税。除此之外，都道府县政府还开征专门用于公路开支的汽车获得税和汽车分配税，用于保护鸟类和牲畜以及狩猎管理开支的狩猎税。上述各税中，企业税和都道府县居民税所占比例最高，分别占都道县全部税收收入的47%和32.8%，另外，机动车税和汽油分配税所占的比例分别为8.3%和5.4%左右。其余税种的比例较低。市町村税的主要税种是市町村居民税、固定资产税、轻型机动车税、市町村烟草税、矿产品税和特别土地所有税。除了这些一般性税收外，高度城市化的地区（如东京、大阪）及人口在30万以上的城市还专门开征用于改善城市环境的营业办公税。有矿泉的市町村还开征矿泉税用于保护矿泉资源、改进卫生设施、防火设施和旅游条件。如果需要，市町村也可以开征城市规划税或其他税种。在市町村一级所开征的税收中，市町村居民税的比重最高，占其全部税收收入的53.4%，固定资产税次之，比重为34.8%。可以看出，日本地方税以所得税和财产税为主体税种。

日本中央、都道府县和市町村三级财政都有自己的主体税。中央财政的主体税种是个人所得税、法人所得税；都道府县的主体税种是事业税和居民税；市町村的主体税种是居民税和固定资产税。

3. 各级政府间转移支付

日本财政的转移支付不仅规模大，而且制度也较为完善，其转移支付基本上由地方(国家)让与税、地方交付(国家下拨)税、国库支出金三项内容构成。这是日本"中央财政筹款，地方财政花钱"的财政运行机制的突出特点，也是单一制下的地方自治制度所决定的。

地方让与税是一些税种由国家统一征收，但其税收的一部分要直接用于地方支出，所以由国税局征收后按规定比例分解，让与一部分给地方，可以认为是分成税种。目前，公路税、汽车吨位税、液化石油气税、航空燃料税、特别吨位税属于这种情况。其中，前三种是作为建设和维修道路的经费转移给地方的，转移款项的多少依道路长度及占用面积的大小而定，而与三种税的征收地点不存在必然联系。航空燃料税是就飞机所有者装入飞机的燃料而由中央政府课征的税收，专门让与地方政府，用于修缮机场设施和防止噪声污染。特别吨位税是吨位(对海运船舶驶入日本商业港口时按照净吨位课征的税收)的附加，全部让与征收地方政府，但并不指定款项的具体用途。

与地方(国家)让与税注重资金用途或返还给征收地的特征不同，地方交付(国家下拨)税则是以平衡各地方财力为宗旨，把国税中的所得税、法人税、酒税的一部分下拨给地方政府。它既不规定款项的专门用途，也不附加其他条件，可在调剂地区间差异方面产生作用。地方交付税是指先由中央征收，然后按一定标准在全国各地之间分配的税收，其总额由国税中的所得税、法人税和酒税总额的一定比例而定，现在的比例为32%。地方交付税有普通和特别之分。地方交付税中的94%作为普通交付税，按以客观标准计算的各地财政收入不足额进行分配，余下的作为特别交付税，用于灾害等突发事件。这样，普通交付税则构成地方交付税制度的中心内容，它是依据各地政府的基准财政需要额和基准财政收入额之间的差额来进行分配的。

基准财政需要额是每个行政项目，如消防、警察、教育等所必需的费用之和。每个行政项目的必要费用按以下方法求得。第一，确定能够反映每个行政项目财政需要的测定单位。如消防费以人口数量，道路费以道路面积和长度，教育费以学校数、教职员数等为测定单位。第二，决定每个测量单位的单位费用。主要根据都道府县及市町村的标准规划，参考地方预决算来决定。第三，按测定单位的数额和单位费用计算财政基准需要额。第四，系数调整。鉴于不同项目的不同情况和不同地区的不同特点，对已计算出的基准财政需要额可以乘上矫正系数进行调整。这种系数调整分为计算单位类别调整、气候调整、档次调整、密度调整和社会经济发展状况调整。

基准财政收入额是按各地方政府的地方税的预测收入或征税能力计算出来的，但地方税收入预测值并不等于基准财政收入，而只是将其中的一部分作为基准财政收入。这一部分具体到都道府县为80%，市町村为75%。上述规定主要考虑到可能存在未计入基准财政需要额内的其他财政需要。在计算出各地方政府基准财政需要额和基准财政收入额之后，如果前者小于后者，就不再向该地方政府支付普通交付税。反之，对于那些基准财政需要额大于基准财政收入额的地区，中央则应支付普通交付税，以弥补财政缺口。由于地方交付税的目的是平衡各地财政收支，其类同于其他国家的一般性的或无条件补助，其平衡地方财力的效果也很明显。

国库支出金是中央政府按特定目的和条件对地方政府的补助。国库支出金按支出的性质可划分为三种：国库负担金、国库委托金和国库补助金。国库负担金指在中央与地方共同承担的事务中，全部由地方负责办理，中央按其应负担的份额拨给地方的资金。国库委托金指本应由国家负担，但发生在地方，从而需要委托地方办理该事务，由国家支付的经费。国库补助金是指对于地方举办的、但国家认为需鼓励和援助的事务由国家支付的补助。补助金或负担金又分为某一事务或项目的费用的一部分由国库支出金支付的全额补助或分担，和某一事务或项目费用的一部分由国库支出金支付的一定比例补助和分担。日本中央政府对地方政府实行的资金转移支付制度，在实现中央与地方、地方各级政府之间的财政纵向均衡和横向均衡过程中发挥了重要作用。

(四) 市场经济国家分税制的启示

1. 中央和地方的事权划分明确且有法律保障

各国中央和地方的事权划分具体明确，且各国的事权和支出责任划分、税收权限和税种的划分，以及转移支付制度都通过立法的形式建立了严密、健全的法律体系保障。比如，美国以宪法等法律形式明确规定中央与地方政府的事权和财权；德国《基本法》对联邦政府的事权做出了明确规定，并以此划分各级政府支出；日本把事权划分纳入法律中加以规定和确认，使财政体制的有效运转具备了必要的保证。在税收划分方面，无论是联邦制国家还是单一制国家均通过立法的形式规定了从中央到地方各级政权的税收权限和对各个税种的支配关系。比如，俄罗斯的《预算法典》和《税法典》在调整税收划分方面发挥了重要作用。在转移支付方面，均设计出了比较科学的、能够将多种因素考虑在内的转移支付体系从而减少以至排除了转移支付中的盲目性和随意性。在转移支付政策实施过程中，也有健全的法律体系加以保障，这样就减少了人为因素的干扰和影响。

2. 依据事权划分财权

财权的划分以事权的划分为基础，是国外的普遍做法，也是其最成功的经验之一。各国以法律的形式，划定中央和地方的事权范围，凡与国家整体利益有关的事务，如国防、外交、货币发行等，权限属于中央；只与当地居民利益直接有关的事务，如基础教育、社会福利服务、社会治安等权限属地方，完全由地方决定和管理；与国家整体利益有关，但必须由地方执行实施的，其事权仍归中央，中央可以通过其派驻地方的机构执行、监督和指导地方按统一的规范执行、中央委托地方执行等三种方式来行使其事权。各国在事权划分的基础上，再相应地划分财权，将全国性的重要收支列归中央，与居民生活密切相关的地方性收支列归地方。这种按事权划分财权的做法，有利于中央和地方各级政府部门在量入为出的基础上充分履行其法定职能，有利于中央和地方财政收支的平衡。

3. 采用分税制的形式确立地方政府财政收入的稳定来源

市场经济国家在处理中央和地方的财政分配关系上，都实行了分税制。分税制的特征是按税种划分中央政府与地方政府的收入体系，建立各级政府稳定的收入来源。虽然各国的地方税弹性小、税额少，但各国都以法定形式保证各级地方政府对地方税拥有独立的管理权限，这就为各级地方政府的财政收入提供了一项稳定的来源。中央和地方各级政府税收分开，有利于分清各级政府之间的财力范围，有利于缓解中央与地方财政关系紧张的局面，并在一定程度上满足了地方各级政府分权与自治的要求。

4. 地方政府均有独立明确的主体税种

不管实行何种分税制模式，各国都能够根据国情，合理划分中央和地方税收，特别是保证地方有明确的主体税种。在依法划分各级政府税收时，比较重视地方税种的设置。一方面，财产税在各国的地方税体系中占有重要地位。虽然各国财产税的名称不一，在美国有地方一级的财产税等；在日本有不动产取得税、固定资产税等；在德国州政府和地方政府分别有财产税和土地税等。但是，它们都具有财产类税、地域性强的共同特征，是合适的地方税种。另一方面，各国又有各具特色的流转类税和所得类税。由于流转类税种与各国的具体经济结构，产业结构结合较为紧密，因此相对而言，在地方主体税种也有此类税，但是具体的税种各不相同，比如德国是个啤酒大国，啤酒税的税源较为稳定，因此德国的地方税种中就有其他国家所没有的啤酒税。还有一点值得注意的是，西方国家大都是三级政府，相应有三级财政，这也是税种能够合理划分的原因之一，而我国的五级财政必然会影响有限税种在地方四级政府的有效划分。

5. 建立科学、规范且又行之有效的政府间转移支付制度

分税制运行良好的国家都有一套完备的与之相适应的转移支付制度。税种和税收收入的划分只是初始的基本分配，作为财政再分配的转移支付制度，能调节和平衡上下级政府之间及地区之间的财政关系，实现中央与地方财政之间的纵向平衡和

各地方财政之间的横向平衡。凡是建立分税制的国家,都注意财政的再分配作用。在保证中央集中主要财力的前提下,地方政府财政收支的平衡,一方面,依靠地方组织多种形式的收入。另一方面,建立规范的中央拨款的补助制度,采用分税制与补助制度两种形式,相互补充,将中央与地方之间的财政收入大体上分为各级政府的固定收入、各级政府的分享税分成收入和上级政府对下级政府不同形式的补助,形成下级政府的全部收入。中央给地方政府的补助金成为中央对地方政府进行财政经济控制的基本手段。

6.适度集中与合理分散财权

各国地方财政制度改革的现实动向虽然方向不同,但是目标一致,都是要实现适度集中与合理分散财权。地方分权制国家,地方政府财权较大,需要注意进行财权的适度集中。单一制的有中央集权倾向的国家,地方政府财权相对较小,便往往需要进行财权的合理分散。就地方政府的财权而言,这两种体制的差别在逐步缩小,这说明现代社会经济的发展,需要财权的适度集中与合理分散。适度集中与合理分散财权,才有助于中央和地方"两个积极性"的发挥。

第二部分

中国"十三五"及其后中长期财政改革发展的总体思路、基本目标与路径

当前财政体制仍然存在诸多问题，仅依靠修补性调整，已不能解决改革深水区所面临的深层次矛盾和问题。这要求我们在"十三五"及未来中长期视野内，果敢而慎重、坚定而持续地推进财政改革。

一、总体思路

在全面深化改革中，中国"十三五"及其之后中长期财政改革发展的总体思路是：在明确政府改革职能转变、合理定位的前提下，配合政府层级的扁平化和"大部制"取向下的整合与精简化，建立中央、省、市县三级"扁平化"的财政层级框架，合理划分中央、省、市县三级事权和支出责任，改进转移支付制度，按"一级政权，一级事权，一级财权，一级税基，一级预算，一级产权，一级举债权"的原则，配之以中央、省两级自上而下的转移支付与必要合理的横向转移支付，建立内洽于市场经济体制的财权与事权相顺应、财力与支出责任相匹配的财政体制；以税制改革为配合，积极完善以税种配置为主、非税收入为辅的各级政府收入制度，着力打造地方税体系；深化预算管理制度的改革并全面强化绩效导向及其考评机制。

二、基本目标

党的十九大报告提出,要"加快建立现代财政制度,建立权责清晰、财力协调、区域均衡的中央和地方财政关系。建立全面规范透明、标准科学、约束有力的预算制度,全面实施绩效管理。深化税收制度改革,健全地方税体系"。

"十三五"及未来的中长期财政改革发展,要以体制、预算和税收三大改革为龙头,贯彻中央指导精神,抓紧制度建设,优化管理,把创造机会均等、维护社会正义放在最为突出的位置,既加快财税自身的改革,又积极支持配合相关改革,着重以建立机制、促进包容,使各级政府财权与事权相顺应,财力与支出责任相匹配,服务于十八届三中全会的改革顶层设计与部署及党的十九大财税改革指导意见的贯彻落实。基本目标包括以下几个方面。

(一)合理定位市场经济目标模式取向下的政府职能

前已论及,在市场经济中,政府应从计划经济下直接配置资源的角色退位于主要在市场失灵领域发挥作用,提供公共产品与服务和维护社会公平正义。分税制体制的整体设计,必然要求以政府在现代社会"应该做什么、不应该做什么"("既不越位,又不缺位")和政府对市场主体和纳税人的调节方式(经济手段为主的间接调控和"对事不对人"的规范调控)为原点,即以尊重市场和服务与引导市场经济的政府职能定位及其适当履职方式为逻辑起点,把财政事权(支出责任)的分级合理化与复合税制的分级配置税基合理化,在分级收支权的制度安排体系中整体协调起来。政府的职能,应转变为以提供公共产品与服务为主,具体操作需要依据公共职能的各类事项在不同政府层级间如何分工合作所合理设计的事权一览表与支出责任明细单。

(二)以健全立法授权、完善政府间事权划分作为深化分税制改革的始发基础环节

分税制财政体制内容包括事权划分、收入划分和支出及转移支付三大部分内容。

其中，反映法律授权之下政府职能合理定位的事权划分是始发的、基础的环节，是财权和财力配置与转移支付制度的大前提。因此，我们理应避免在谈分税制改革问题时，首先讨论甚至只讨论收入如何划分的皮相之见，应当从事权合理化这一始方环节开始，全面完整、合乎逻辑顺序地讨论如何深化我国的分税制改革。

与讨论政府总体收入规模之前需要界定合理事权范围相类似，讨论各级政府财力规模和支出责任的合理化问题之前，必须在积极完善立法的过程中合理划分各级政府之间的事权。这符合第一层次以支定收的原理。只有各级政府间事权划分合理化，支出责任才有可能合理化，才可以进而讨论如何保证各级财力既不多也不少，即"财权与事权相顺应（相内洽）、财力与事权相匹配"的可行方案。

把某类事权划给某级政府，不仅意味着该级政府要承担支出责任，还要对公共产品的质量、数量和成本负责。因此，"事权"与"支出责任"两个概念其实并不完全等同，支出责任是事权框架下更趋近于"问责制"与"绩效考评"的概念表述。公共财政的本质要求是在"分钱"和"花钱"的表象背后，带来对公共服务责任的合理有效的制度规制以寻求公共利益最大化。

一般而言，不同政府层级间的事权划分要考虑公共产品的属性及其"外溢性"的覆盖面、相关信息的复杂程度、内洽于全局利益最大化的激励相容机制和公共产品供给效率等因素。属于全国性的公共产品，理应由中央政府牵头提供，地区性的公共产品，则适宜由地方政府牵头提供。具体的支出责任，应合理地对应于此，分别划归中央与地方。同时，由于地方政府较中央政府更具有信息优势，更加了解本地居民需要，因而在中央政府和地方政府均能提供某种公共服务的情况下，基于效率的考虑，也应更倾向于由地方政府提供。

（三）结合税制改革，合理划分税基

按税种划分收入（即税基配置），属于分税制财政体制框架下的题中应有之义和关键特征。政府所有的规制和行为，均应以不影响或尽量少影响生产要素自由流动和市场主体自主决策为标准，相应的收入（税基）划分，则需要考虑税种对生产要素流动影响，以及中央、地方分层级的宏观、中观调控功能实现等因素。税种在

中央、地方间的划分即税基的配置，基本原则前文已有论及：与国家主权和全局性宏观调控功能关系密切，或税基覆盖统一市场而流动性大的税种，应划归中央；而与区域特征关系密切、税基无流动性或流动性弱，以及税基较为地域化、不会引起地区间过度税收竞争和需要"因地制宜"的税种，应划归地方。按此原则具体考虑，关税、个人所得税、增值税、社会保障税等应划归中央，或主要部分划归中央，而房地产税、陆地资源税（海洋石油资源税须除外）、特定地方税等应划归地方。

从各国具体实践情况看，在基本遵循上述原则的情况下，不同国家根据本国情况，对个别税种有一些变通。如美国的个人所得税为联邦政府和州、地方政府按照税基共享、分率计征方式进行收入共享（联邦级为主，实行超额累进税率；州与地方为辅，低税率乃至低水平比例税率）；英国将住宅类房产税（称为市政税）作为地方税，而将非住宅类房产税（称为营业税）作为中央税及中央向地方转移支付的来源，按照居民数向各地区返还。我国"94改革"后在收入划分上为考虑调动地方积极性，将税基大或较大的几个税种（增值税、企业所得税、个人所得税）作为共享税，但这些同经济发展直接相关、税基流动性特征明显的主力税种划定为中央与地方共享税，在一定程度上违背了收入划分的应有原则，结果是刺激地方政府承担较多的经济发展事权及在相互之间实行过度的税收竞争（表现为争上投资、争抢税源等）。因此，"分财权（税基）"和"分财力（收入）"，均有其需遵循的科学规律和所应依据的客观内洽机制，不应简单按照人的主观意志与偏好行事，这方面人为的调控空间很有限度。

无论税种（税基）在政府间如何配置，收入是独享还是共享，其划分原则和共享办法与比例，在一个国家内应是上下贯通、规范一律的。即使那些不宜由中央或地方专享，出于过渡性的甚至是长期理由不得不划为共享税的税种（如我国目前的增值税、企业所得税和个人所得税），也需要执行全国统一的分享办法和分享比例。

需要强调的是，各地区税基配置统一、分享办法相同、分享比例一律，并不意味着各地区实际的税收丰度（某一税种的人均可实现收入数量）平均化，却会出现由于地区经济发展水平的差异及其他相关因素而丰度水平大相径庭的情况。比如，同是分享25%的增值税，工商企业数量多、发展水平高、增值税规模大的沿海省

（区），与工商业还很不活跃、经济发展水平低下、增值额规模——还很小的西部偏远省（区），定会有人均对比上的巨大反差；同是拿取40%的所得税，但企业效益水平和居民收入水平的区域差距十分显著，进而人均比较的税收数量，在不同区域往往完全不可同日而语。这就注定会产生区域间财政收入丰度显著的"横向不均衡"，这种情况在区域差异悬殊的我国尤为显著，客观地形成了比一般经济体更为强烈的均衡性转移支付制度需求。

（四）完善转移支付制度

规范的制度安排内在地要求各地税种一律、分享比例一律，但实际的税收丰度却会由于地区经济发展水平的差异及其他相关因素而大相径庭，注定会产生区域间财政收入丰度显著的"横向不均衡"。与此同时，地方政府提供"基本公共服务均等化"所需的公共产品的供给成本，却又会因巨大的地区差异而产生另一个支出负担上的"横向不均衡"，使欠发达省（区）面临更大困难，因为税收丰度很低的地方，大都是地广人稀、高原山区、自然条件较严酷而提供公共产品的人均成本非常高的地方；税收丰度较高的地方，一般都是人口密集、城镇化水平高、自然条件和生存环境较好因而提供公共产品的人均成本比较低的地方。财政的收入丰度低而支出成本高，这就是欠发达地区普遍面对的困难处境，因此，分税制框架下对这个问题的解决之道，便主要需依靠"自上而下"的中央财政、省级财政对欠发达地区的转移支付制度安排（也不排除中央政府协调组织之下开展的发达地区对欠发达地区的"横向"转移支付等），形成可持续的调节区域差异的通盘方案。

随着经济社会复杂性的提高，人们需求的多元化和个性化明显增强，政府事权下移为某种大趋势，各国实践也印证了这一点。在市场经济下，商品极大丰富、生产要素流动活跃、国内国际间贸易活动频繁，以商品和生产要素为税基的税种成为各国首选，而从这些税种的特点和属性分析，都宜将其作为中央税，即使与地方分享，地方分享比例也不宜过高，否则会阻碍生产要素和商品的流动，违反市场经济原则。由此带来中央税权和可支配财力均呈现出"上移"的实践运行结果，与社区、地方"自治"倾向上升而发生的事权"下移"形成鲜明的对比。加之中央政府无一不是必须承担调节各地区差异等全局性的任务，只有其可支配财力规模大于本级支出所需规模，才可能腾出一部分财力以转移支付等形式去履职尽责。所以，从中央与地方层面看，必然出现中央本级收大于支、地方本级收小于支的"纵向不均衡"的客观常态格局，"中央拿大头支小头、地方拿小头支大头"的财力"纵向不均衡"不但不足为奇，而且正是各国分税分级体制运行的共性特征，相应地，转移支付也主要表现为"自上而下"的财力转移即"资金向下流动"格局。

我国现阶段中央收入占比为不足50%的水平，无论与其他代表性国家相比，还是与我国中央政府所承担的宏观调控职责相比，都可说中央收入占比并不高。其实问题更明显地出在支出侧，即在支出总盘子中中央占比过低（仅约为15%）、地方支出占比过高。2009年，经合组织（OECD）成员国中央支出非加权平均值为46%，其中与中国可比的大国如美国是54%，英国是72%，日本是40%。而中央与地方支出失衡背后的原因恰恰是政府间事权划分不合理导致的支出责任错配，政府间事权划分办法不规范、不统一，具有明显的非规范特色；同时，新增事权多采取"一事一议"办法，无统一科学标准化的原则和方案遵循。我国有些中央应承担的事权如国防，现实中往往以"军民联防""军地共建"等名义较深度而无规范地扯入了地方，另一些也理应由中央承担的重要事权如经济案件的司法审判权，则几乎全部交给了地方，使在地方利益眼界内非公平判决层出不穷。这些问题的合理解决之道，不是减少中央收入占比，而是应调整事权和支出责任，相应提升中央在支出总盘子中的占比。

无论是考虑到"实现共同富裕"的社会主义本质，还是法治社会下基于公民"人权平等"提出的"基本公共服务均等化"要求，都客观地需要运用转移支付制度手段对财政资金余缺自上而下地在政府间进行适当调节。这种转移支付有效运行的基本前提就是"纵向不均衡"地由中央取得与其宏观调控功能相称的财力，进而去调节地区间的"横向不均衡"。在我国经过二三十年"让一部分人和一部分地区先富起来"的发展之后，叠加迥异的自然地理环境，地区间经济发展水平的差异巨大，"实现共同富裕"任重道远，新时期中央政府不可回避的一项重要责任，就是以合理方式"抽肥补瘦"，抑制地区间差距扩大。这种中央政府针对"横向不均衡"履行区域差异调节责任的物质前提,就是形成合理设计与可持续实施的中央、地方间"纵向不均衡"的财力分配框架。

所以,市场经济下分税制框架中必然内含的转移支付制度建设,在我国尤其重要,必须进一步按"长效机制"要求来打造并加以动态优化。相应于此,我国转移支付制度建设目标包括平衡地方基本公共服务能力和实现特定宏观调控目标两大方面,分别大体对应于"一般性转移支付"和"专项转移支付"。

(五)大力改革完善预算管理制度

良好的现代公共预算制度,应遵循十项国际公认的基本原则:全面性、原则性、合法性、灵活性、预见性、可审议性、真实性、透明度、信息量和诚信度。这也是我国预算管理制度完善的方向和目标,包括实现预算的全面性,即要求将所有的公共资金纳入预算,建立全口径的公共预算体系;提高预算的透明度,即预算公开,扩大各级政府预算公开的范围和详细程度,特别是三公经费等具体内容以及政府间转移支付的计算确定方法等。

三、实施路径

根据"94改革"以来分税制深化改革不如人意的突出矛盾和真实问题,"十三五"及中长期财政改革发展的路径应包括以下几个方面。

(一)以政府扁平化改革为框架

在"最小一揽子"配套改革中积极、渐进推进省以下分税制的贯彻落实,通过省直管县、乡财县管和乡镇综合配套改革,在总体上将我国原来的五个政府层级扁平化为中央、省、市县三个层级(不同地区可有先有后),以此作为由"山重水复"变"柳暗花明"的一个框架基础。

(二) 以优先调整事权为起点

在顶层规划下调整、理顺中央与地方事权划分，包括中央事权、地方事权、中央与地方共担事权、中央委托事权、中央引导与鼓励事权等，进而按照政府事务的属性和逻辑原理，合理和力求清晰地划分政府间支出责任，尽快启动由粗到细形成中央、省、市县三级事权与支出责任明细单的工作，并在其后动态优化和加强绩效考评约束。尽快将基础养老金、司法体系、食品药品安全、边防、海域、跨地区流域管理等划为中央事权。地方政府应退出一般竞争项目投资领域，同时规范省以下政府的事权划分边界。

(三) 以地方税体系建设为主要内容来带动税制改革和政府间收入划分改革

以税制改革为配合，积极完善以税种配置为主的各级收入划分制度。加快建立不动产登记制度，扩大房产税试点范围，待全面推开后使之真正成为地方政府主体税种。大力推进资源税改革，以将"从价征收"机制覆盖到煤炭为重头，进一步扩大资源税的征收范围。开征独立的环境保护税，并将该税种收入划分地方。扩大消费税征收范围、调整部分税目的消费税征收环节，将部分消费税税目收入划归地方；将车辆购置税划归为地方收入；在积极推进"营改增"过程中，将增值税中央增收部分作为中央增加对地方一般性转移支付的来源。

(四) 以规范的转移支付制度体现事权优先原则

按照人口、地理、服务成本、功能区定位等因素优化转移支付的均等化公式，加强对欠发达地方政府的财力支持；适当降低专项转移支付占全部转移支付的比重，归并、整合专项中的相似内容或可归并项目；尽量提前其具体信息到达地方层面的时间，并原则上取消其"地方配套资金"要求，以利地方预算的通盘编制与严肃执行。此外，还应积极探索优化"对口支援"和"生态补偿"等地区间横向转移支付制度。

（五）以现代公共预算管理制度为基础性支撑

结合配套改革深化各级预算管理改革，在全口径预算前提下从中央级开始积极试编 3~5 年中期滚动预算；把单一账户国库集中收付制发展为"横向到边、纵向到底"；以"金财工程""金税工程"式的全套现代化信息系统建设来支持、优化预算体系所代表的全社会公共资源配置的科学决策；应加快地方阳光融资的公债、市政债制度建设步伐，逐步置换和替代透明度、规范性不足而风险防范成本高、难度大的地方融资平台等隐性负债；地方的国有资产管理体系建设也需结合国有资本经营预算制度建设而积极推进。

在"渐进改革"路径依赖和"建设法治国家""强化公众知情与参与"多重约束条件和逻辑取向下，逐步而积极、理性地推进财税法制建设，掌握好服务全局大前提下"在创新、发展中规范"与"在规范中创新、发展"的权衡点，强化优化顶层规划和继续鼓励先行先试，在经济社会转轨历史时期内，不断及时地把可以看准的稳定规则形成立法。

第三部分

中国"十三五"及中长期财政改革发展的创新要点

一、政府职能合理化与政府间事权（支出责任）划分清晰化

财税改革作为经济体制改革的重要内容，应在服务全面配套改革全局的目标导向下，深入推进以事权划分调整和优化为重点的分税制，积极引领、推动和支撑相关领域体制机制改革，改善财政宏观调控，推动发展方式转变和经济结构优化，保持经济平稳较快发展，促进科学发展和社会和谐。

应当以健全立法授权、完善政府间事权划分作为深化分税制改革的始发基础环节。前已论及，分税制财政体制内容包括事权划分、收入划分和支出及转移支付三大部分内容。其中，反映法律授权之下政府职能合理定位的事权划分是始发的、基础的环节，是财权和财力配置与转移支付制度的大前提。因此，我们应当按照逻辑顺序全面完整地把握如何深化我国的分税制改革的问题，而避免落入只讨论收入如何划分的狭隘视界。

（一）合理定位市场经济目标模式取向下的政府职能

具体而言，政府与市场、社会之间关系的正确处理决定政府职能的合理化，政

府职能、职责及履责权限决定政府支出责任。应遵循"市场、社会优先"的原则，凡市场、社会能做好的就交由市场和社会去做；凡市场、社会能做但做不到位的，由政府发挥辅助作用；凡市场、社会做不到的，由政府牵头承担或组织相关资源配置。创新政府履行职能方式，充分引入市场机制。

在社会主义市场经济条件下，我国的政府职能应定位在"国家安全、民生保障、公共服务、运行有序、国有资产"，具体包括以下五大类。

第一类，国家主权和政权运转。一是维护国家独立、主权和领土完整。二是维持国家机器运转、维护社会秩序、保障人民群众正常生产、生活和权益。

第二类，民生保障和公共事业。一是广义概念。教育、公共卫生、医疗、文化、科技、社会保障等。二是狭义概念。上述公共事业的基本下限标准，包括基础教育，基本公共卫生，基本医疗，基本文化，基础科技，基本养老、医疗、失业保险、基本住房保障和低保，以及生态环境保护等。

第三类，公共设施和市政工程。一是事关国计民生的能源、交通、水利等基础设施。二是城镇市政工程设施。

第四类，市场监管和经济调节。一是建立市场规则，维护市场秩序。对于外部性、垄断、信息不对称的治理。二是宏观调节。调节经济周期、经济结构、收入分配，协调地区发展。

第五类，国有资产和公共资源。一是经营性国有资产。二是行政事业单位国有资产。三是国有土地、矿产等自然资源。

由上述五大政府职能派生出以下15项政府基本职责。

国家主权和政权运转包括：①国际合作、国际组织、国际事务和国际关系；②服务国家主权的职责；③国家立法、司法、行政；④维护社会秩序的职责。

民生保障和公共事业包括：⑤人民群众基本生存条件；⑥基本民生保障；⑦一般公共服务。

公共设施和市政工程包括：⑧提供电力、油气等基础产业，以及铁路、公路、航空、水运、通信、邮电、水利等基础设施；⑨提供城镇给水、排水、供气、供热、城市道路、公共交通、供电、环境卫生、垃圾处理、园林绿化等市政公用设施。

市场监管和经济调节包括：⑩建立市场规则，规范微观行为，维护市场秩序，保证微观主体运行的市场环境；⑪调节经济周期波动、产业结构、充分就业、稳定物价、国际收支平衡、促进经济增长；⑫调节国民收入分配格局中的国家、企业、个人分配占比结构及三部门内部的分配关系。

国有资产和公共资源包括：⑬经营性国有资产——国有金融和非金融企；⑭政事业单位国有资产；⑮国有土地、矿产、水源、森林、草原、滩涂、大气、空域等自然资源。

（二）政府框架调整中以财政扁平化为前提的财政改革引领

在"最小一揽子"配套改革中积极、渐进推进省以下分税制的贯彻落实，通过省直管县、乡财县管和乡镇综合配套改革，在总体上将我国原来的五个政府层级扁平化为中央、省、市县三个层级（不同地区可有先有后），以此作为由"山重水复"变"柳暗花明"的一个框架基础。在顶层规划下调整、理顺中央与地方事权划分，包括中央事权、地方事权、中央与地方共担事权、中央委托事权、中央引导与鼓励事权等，进而按照政府事务的属性和逻辑原理，合理、清晰地划分政府间支出责任，尽快启动由粗到细形成中央、省、市县三级事权与支出责任明细单的工作，并在其后动态优化和加强绩效考评约束。尽快将基础养老金、司法体系、食品药品安全、边防、海域、跨地区流域管理等划为中央事权。地方政府应退出一般竞争项目投资领域，同时规范省以下政府的事权划分边界。

2020年以后30年的时期内，应以行政的扁平化和政府的大部制改革，也就是把事权的全套清单跟随事项，把财税三层级框架稳固下来，进一步使它完善、成熟起来。这个框架是对应着中国成为一个现代化的带有常态特征的国家，我们认为应该形成一个扁平化的降低行政成本且政府市场作用得到合理发挥的框架。

（三）以三级框架考虑的政府间事权（支出责任）调整思路和要点

把某类事权划给某级政府，不仅意味着该级政府要承担支出责任，更要对公共产品的质量、数量和成本负责。因此，"事权"与"支出责任"两个概念其实并不完全等同，支出责任是事权框架下更趋近于"问责制"与"绩效考评"的概念表述。公共财政的本质要求是在"分钱"和"花钱"的表象背后，形成对公共服务责任的合理有效制度规制，以寻求公共利益最大化。

一般而言，不同政府层级间的事权划分要考虑公共产品的属性及其外溢性的覆盖面、相关信息的复杂程度、内洽于全局利益最大化的激励相容机制和公共产品供给效率等因素。属于全国性的公共产品，理应由中央政府牵头提供，地区性的公共产品，则适宜由地方政府牵头提供。具体的支出责任，应合理地对应于此，分别划归中央与地方。同时，由于地方政府较中央政府更具有信息优势，更加了解本地居民需要，因而在中央政府和地方政府均能提供某种公共服务的情况下，基于效率的考虑，也应更倾向于由地方政府提供。

借鉴国际经验，按照受益范围、能力、效率、规模经济、外部性、信息充分性和激励相容为基本原则，各级政府的事权尽可能由本级政府承担，尽量减少事权共担，逐步改变中央下指令、地方执行的状况。中央政府单独承担的事权，由中央自身的机构完成；中央自身机构能力不足的，首先应加强中央自身能力建设。事权划分尽可能细化、可执行，中央政府着重抓大事、抓影响全局的事，地方政府能履行的职责尽量交给地方。加快深化中央、省及省以下行政管理体制改革、行政区划调整和财政体制改革，相应进行立法保障，提高政府间事权划分的稳定性。

1. 政府间事权划分的基本原则

第一，根据公共产品的层次性和受益范围划分事权和支出责任。

全国性公共产品和公共服务受益范围遍及全国，应由中央政府提供；地方性公共产品和公共服务受益范围仅局限于地方，应由地方政府提供；具有外溢性的地方性公共产品和公共服务，可由中央政府和地方政府联合提供，或中央政府补助地方政府提供，或直接由中央政府提供。

值得注意的是，地方事务的外部性可以通过扩大中央事权范围的方式来解决，也可以借助于地方之间的协商机制。考虑到信息处理的复杂性，地方政府对当地情况的了解远多于中央，因此由中央政府承担过多的事权与支出责任并不一定是合理的。

第二,根据公共服务提供效率划分事权和支出责任。

考虑到历史文化传统因素,收入分配和经济稳定职责由中央政府提供更有效率。但在收入分配职责的履行上,各国不同程度地借助于地方政府力量。因此,我国政府间事权与支出责任的划分应充分考虑历史文化传统因素,进而确定各级政府容易接受的支出责任分担机制。

第三,根据规模经济原则划分事权和支出责任。

政府间事权与支出责任划分中还要注意职责承担中的规模经济问题。某些职责,若由地方政府承担可能无法发挥规模经济效应;而如果由中央政府承担,则可以发挥节约成本的作用。

第四,尽量减少政府间事权共担。

尽可能做到各级政府的事权大部分为独立承担的职责,减少共同承担的事权,辅之以少量上级委托性事权和引导性事权。

2. 政府间事权与支出责任划分的方案设计

依据上述政府间事权划分的基本原则,结合中国的现实情况,考虑到中国"十三五"及中长期经济社会发展趋势,我们对政府间事权与支出责任试做了划分设计,相关建议方案见本书149页表4-1。

(1)中央政府的事权范围。

一是国家主权和政权运转类。包括:外交、国防、国家安全、边防、海关、反恐;全国人大、全国政协、执政党、中央政府、公安、检察院、法院、武警等的运转;国际组织,国际谈判与合作。

二是民生保障和社会公平类。包括:"六类基本公共服务"的下限标准及跨区域、跨省的此类职责;国家级重点高等教育;国家级疾病防控、三级甲等医院、重大公共卫生突发性事件;高能物理、航天、数学、力学等国家级基础性科研;国家级自然保护区;三江源保护、三北防护林建设、荒漠化治理等跨区域环境保护。

三是公共设施和市政工程类。包括:全国性跨地区跨流域水利设施、全国性电网、主干邮电通信网络、高速铁路和主干线普通铁路、国家级港口、全国性和区域性航空枢纽；跨区域资源保护与开发；原油、稀土、粮食等全国性战略物资储备。

四是规范市场和经济调节类。包括：规范微观行为，维护市场秩序；适度调节经济周期和产业结构，促进经济增长、充分就业、物价稳定、国际收支平衡；制定国家经济和社会发展规划、财政与货币政策、金融监管；国家级农业开发；跨区域综合经济开发协作；调节国家、企业、个人分配占比结构及三部门内部的分配关系，调节政府层级间、行业间、个人间，以及城乡间、地区间分配关系，开展全国范围内的数据统计和人口、住房普查，建设各部门及全国经济社会基础信息系统。

五是国有资产和公共资源类。包括：管理中央级经营性国有资产、中央级公共服务类和政权类国有资产；全国性和跨区域的国有土地、矿产、水源、森林、草原、滩涂、大气、空域等自然资源。

（2）省级政府的事权范围。

一是国家主权和政权运转类。包括：省级国际合作；省人大、省政协、省委、省政府、省级公安、检察院和法院的运转；跨市县、省域内公共安全。

二是民生保障和社会公平类。包括：帮助市县政府提供"六类基本公共服务"的改善型服务，以及省域内跨市县的此类职责；省域中等教育和高等教育；省级疾病防控与环境卫生、健康医疗体系、省级医院的建设，应对省级公共卫生突发性事件；省级科研项目的研发应用；省级自然保护区；跨市县、省域内环境保护。

三是公共设施和市政工程类。包括：跨市县、省域内的基础设施建设与维护（包括水利设施、支线电力设施、支线邮电通信网络、国道及省道公路、支线普通铁路、港口、省级航空枢纽）；省域资源保护与利用；省域重要物资储备（粮、棉、食用油等）。

四是规范市场和辅助调节类。包括：省域市场秩序稳定、省级金融监管（省域内非公众、非存款类金融机构监管及民间金融引导）；省级发展规划、省域经济结构调整；省级农业开发（包括省域内山区、流域开发、扶贫）；省级数据统计；省域收入分配调整和就业促进。

五是国有资产和公共资源类。包括管理省级经营性国有资产、省级公共服务类和政权类国有资产、跨市县、省域内的自然资源。

（3）市县级政府的事权范围。

一是国家主权和政权运转类。包括：市县人大、市县政协、市县委、市县政府、市县级公安、市县检察院、市县法院的运转；辖区内治安和社会稳定。

二是民生保障和社会公平类。包括："六类基本公共服务"下限标准的具体执行，有能力者适度提供改善型服务；二级医院；市县级文化、体育设施；学前教育、成人教育；人口和户籍管理；社区服务等。

三是公共设施和市政工程类。包括：市县级基础设施建设（省道、市县级公路建设）；城市道路；辖区内公共交通网络建设与运营；城市和县域建设规划；市政公用设施（给水、排水、供电、供气、供热、公共交通、能源利用、园林绿化、垃圾与污水治理、环境卫生、环境保护与污染治理）。

四是规范市场和辅助调节类。包括：市县辖区内市场秩序稳定；市县级发展规划、市县级经济结构调整；市县级基础数据统计；市县辖区内就业促进。

五是国有资产和公共资源类。包括管理市县级经营性国有资产、市县级公共服务类和政权类国有资产、市县辖区内的自然资源。

（4）委托性事权。

委托性事权主要包括以下两类。一是由中央政府出资，省级、市县政府负责协调推动和操作实施的项目。包括："六类基本公共服务"的下限事权；大灾大难救助和灾后重建；特殊性社会救济、社会优抚；跨区域、跨省域的特殊、重点经济建设项目；人口、经济、住房等普查。二是由省级政府出资、市县政府负责协调推动和操作实施的项目。包括："六类基本公共服务"的改善型服务；跨市县、省域内的特殊、重点经济建设项目等。

（5）引导性事权。

引导性事权是指由上级政府出资、鼓励下级政府承担的事项，即中央政府鼓励省\市县政府，或者省级政府鼓励市县政府承担某些事权。这种情况下，上级政府拿出一部分资金，下级政府配套一部分资金，但引导性事权本身还是下级政府的事权。引导性事权主要包括战略性新兴产业发展、地方特色产业发展等。

目前，我国中央和地方政府事权和支出责任划分不清晰、不合理、不规范，制约市场统一、司法公正和基本公共服务均等化。一些应由中央负责的事务交给了地方承担，一些适宜地方负责的事务中央承担了较多的支出责任。同时，中央和地方职责交叉重叠、共同管理的事项较多。这种状况客观上造成地方承担了一些不适合承担的事务，而中央不得不通过设立大量专项转移支付项目对地方给予补助。这种格局不仅容易造成资金分配"跑部钱进""撒胡椒面"现象，而且容易造成中央部门通过资金安排不适当干预地方事权，影响地方的自主性、积极性，还会造成地方承担中央事权与地方的积极性不一致，导致执政行为不当，影响市场统一、公正。

二、政府收入的健全优化

（一）政府收入/GDP比重的考察分析与收入前景预测

1. 政府收入/GDP比重的考察分析

（1）宏观税负的内涵与计量口径。

财政收入的主体是税收，政府全部收入与GDP之比，通常在广义概念上被称为"宏观税负"——这一概念已为学术界和管理部门所接受。"宏观税负"是衡量政府收入规模的重要指标，反映了一个国家政府在特定发展阶段、特定经济体制和财税制度之下参与国民收入分配的程度，直接关系到政府提供公共服务的能力和水平，可借此具体分析该经济体"以政控财，以财行政"的财政分配相关特点和政府作用空间。

中国宏观税负水平可通过三个不同的口径来加以计量，即小口径、中口径和大口径。小口径宏观税负是指税收收入与GDP的比值；中口径宏观税负是指公共财政收入与GDP的比值；大口径宏观税负是指纳入预算体系的政府收入与GDP的比值。

（2）中国宏观税负的考察与国际比较。

按照上述中国宏观税负的三个计量口径，根据《中国统计年鉴》和财政部网站公布的相关数据，2008—2012年中国大、中、小三口径的宏观税负水平如表3-1所示。

表3-1　2008—2012年中国各口径宏观税负水平

项　目	2008年	2009年	2010年	2011年	2012年
全国公共财政收入/亿元	61330	74933	88896	103874	117254
其中：税收收入/亿元	54224	59521	73210	89738	100614
国有资本经营收入/亿元	444	989	559	765	1496
扣除：划入公共财政部分/亿元			10	40	183
社会保险基金收入/亿元	10805	14583	17071	25758	28465
扣除：公共财政对社会保险基金的补助/亿元		1803	1900	5216	6272
政府性基金收入/亿元	14985	18335	36785	41363	37535
政府收入规模/亿元	87564	107037	141401	166504	178295
GDP/亿元	314045	340902	401512	472881	519886
小口径宏观税负/%	17.3	17.5	18.2	19.0	19.4
中口径宏观税负/%	19.5	22.0	22.1	22.0	22.6
大口径宏观税负/%	27.9	31.4	35.2	35.2	34.3

注：（1）数据根据《中国统计年鉴》和财政部网站数据整理；（2）2008年社会保险基金收入为扣除财政补贴后的数据；（3）2009年和2010年公共财政收入中包括预算外收入，2011年后预算外收入全部纳入预算管理。预算外收入数据来自国家统计局网站。

从表3-1中可以看出，中国小口径宏观税负不足20%，呈小幅上升趋势；中口径宏观税负在22%左右，也呈现出微幅上升；大口径宏观税负在34%~35%，呈现先升后降的趋势。

为了增强宏观税负的国际可比性，我们对大口径宏观税负口径进行了调整，即扣除了基金预算收入中征地和拆迁的补助支出，2011年调整后的大口径宏观税负为

32.01%。以这一指标按国际货币基金组织（IMF）统计口径[1]做国际比较，中国属发展中国家平均水平，明显低于发达经济体。与国际上人口在1000万以上的中偏上收入国家相比，中国调整后的大口径宏观税负水平与比较对象国家中位数大体相当，如表3-2所示。

表3-2 2011年广义宏观税负国际比较

中偏上收入	广义宏观税负/%	中国
俄罗斯	45.59	
巴西	36.05	
土耳其	34.66	
南非	34.34	
罗马尼亚	31.30	32.01
突尼斯	30.98	
哥伦比亚	29.29	
哈萨克斯坦（2010年）	25.95	
泰国	22.63	
秘鲁（2010年）	20.02	
中位数	31.14	32.01（+0.87）
参考结果		
算术平均	31.08	32.01（+0.93）
按人口加权	34.71	32.01（-2.7）
按GDP加权	36.52	32.01（-4.51）
按人均GNI加权	32.72	32.01（-0.62）

数据来源：政府收入数据来源于IMF Government Finance Statistics Yearbook 2012，人均国民总收入和人口数据来源于世界银行WDI数据库。

注：（1）宏观税负包括各个国家税收、社会缴款和其他收入3个统计科目，不包括赠与收入；（2）所选取国家均为人口在1000万以上的中偏高收入国家。

---

[1] IMF出版的《政府财政统计年鉴》（2008）对2007年全部有数据的53个国家的宏观税负进行了计算。这53个国家宏观税负平均为39.9%，其中24个工业化国家的平均水平为45.3%，29个发展中国家的平均水平为35.5%。

（3）对中国宏观税负的理解与认识。

宏观税负的"高低"与"轻重"并不完全等同，一国税负的轻重，必须结合该国政府在特定国情、阶段、战略设计等诸因素影响制约下的公共职能的边界，不能仅以宏观税负水平的高低来衡量。

剔除财政支出效率和各国公共产品供给成本的客观差异等因素，所谓宏观税负高与不高，主要取决于政府职能定位、事权范围的大小。从工业革命之后各国实践情况看，政府支出占比的长期表现均呈现上升趋势，这便是由著名的"瓦格纳定律"所做的归纳——其根本原因，在于随着社会发展，经济社会公共事务趋于复杂和服务升级，政府公共职能对应的事权范围渐趋扩大。

中国政府事权范围和职能范围边界，在传统体制下总体而言明显超出成熟市场经济国家（这里未论"城乡分治"格局下的某些乡村公共服务状况），改革开放以来有所趋同，但仍差异可观，除有政府职能转变不到位而导致的政府越位、缺位和资金效率较低等因素外，还包括：转轨过程中的特定改革成本；为落实赶超战略实现民族伟大复兴而承担的特定经济发展职责；中国力求加速走完成熟市场国家上百年的工业化、城市化进程，导致在其他国家顺次提供的公共产品（有利于市场发展的基本制度、促进经济发展的基础设施以及有助于社会稳定和谐的民生保障品）等因素，在中国改革开放40年内较密集地交织重叠。

上述分析并不否定市场改革不到位、政府越位、支出效率低下而导致公共资源配置不当、浪费所带来"无谓"政府支出或较高行政成本的问题，主要是想说明，政府事权范围是决定宏观税负高低的前提性认识框架，不同国家，发展阶段不同，国情相异，所以各国间静态的宏观税负可比性不强。中国的特定国情和当前所处的特殊阶段，导致政府事权范围较广，在既成宏观税负和政府支出占比水平之中，除确有一些不当因素之外，也具有其一定的客观必然性和合理性。

当下中国的"税负"问题无法回避，但中国"税负压力"问题的优化，关键既不在降低宏观税负，也不在宏观税负人均指标与"企业上交90%税收"在直观形式上的不对应，而在于如何使实际的"税负压力"从宏观（社会整体）到微观（单个居民）的结构分布合理化；如何针对财税再分配功能薄弱问题经过改革使之能够得到矫治。

（4）对中国"稳定宏观税负"的解读。

2013年11月13日召开的党的十八届三中全会通过的《中共中央关于全面深化改革若干重大问题的决定》中明确提出"改革税制、稳定税负"。2014年6月30日，中共中央政治局会议审议通过的《深化财税体制改革总体方案》中再次提出"稳定宏观税负"。从中可以看出，下一步的税制改革需要在稳定当前宏观税负的前提下进行。关于"稳定宏观税负"可以做出如下解读。

首先，中国目前宏观税负较为合理，未来一段时期应大体稳定在这一水平。近年来，关于中国宏观税负水平讨论持续不断，其中质疑声和"税负过重"的观点不绝于耳。如前文所言，其他国家宏观税负水平不是中国宏观税负高低的判定标准，它仅能作为中国宏观税负水平的参考，一国宏观税负水平决定性因素是政府与市场的关系，即政府的事权范围，再辅之以经济发展阶段、城镇化水平等因素。对于中国这样一个转轨国家，政府既需要在社会主义市场经济完善中更好地发挥作用，又要承担改革的代价，必然需要坚实的财力保障，相应宏观税负水平不可太低。从1994年分税制改革以来经济社会的实际运行效果来看，当前的宏观税负水平不但没有影响经济和社会发展，反而极大地提高了经济效率，促进了中国经济长期持续高速增长。

其次，稳定宏观税负是在总税负水平稳定的前提下进行结构性调整。随着经济社会形势的变化，当前税制在促进经济发展方式转变、调节社会财富分配、节约能源资源和保护环境方面的作用明显不足，难以呼应中国"五位一体"的全面小康社会的建设。因此，未来税制改革是在保持总税负水平的前提下，通过税费改革联动、税负有增有减等方式，提高资源使用和环境污染税费负担，进而提高资源价格和环境污染成本，对众多市场主体形成内在激励机制，促进市场主体创新意识和能力，实现节能减排目标。

2. 政府收入的前景预测

目前，从不同的视角出发，运用不同的预测方法，理论界和实际工作部门对中国未来政府收入的预测多种多样。在此，我们根据国民经济发展变化和财政收入本身的变动趋势，结合上述 2011 年调整后的大口径宏观税负为 32.01% 的情况，对国家财政收入进行如下预测。

以党的十八大报告提出的"确保到 2020 年实现全面建成小康社会宏伟目标""实现国内生产总值比 2010 年翻一番"的新要求为前提，以党的十八届三中全会通过的《中共中央关于全面深化改革若干重大问题的决定》中明确提出"稳定税负"和中共中央政治局会议审议通过的《深化财税体制改革总体方案》中再次提出"稳定宏观税负"为指导思想，对政府收入进行粗略测算。

2010—2018 年中国 GDP 年增长率分别为 10.6%、9.5%、7.9%、7.8%、7.3%、6.9%、6.7%、6.9% 和 6.6%，结合《2019 年政府工作报告》中提出的国内生产总值增长 6%~6.5% 的预期目标，考虑到经济下行的压力，我们将 2019—2020 年的经济增长率设定为 6.2%，据此计算，可得 2020 年前中国 GDP 和政府收入测算结果，如表 3-3 和表 3-4 所示。

表3-3　2020年前中国GDP预测

年 份	增长率 /%	GDP/ 亿元
2010	10.6	413030
2011	95	489301
2012	7.9	540367
2013	7.8	595244
2014	7.3	643974
2015	6.9	689052
2016	6.7	743586
2017	6.9	827122
2018	6.6	900309
2019	6.2	956128
2020		10105408

注：2010—2017 年的 GDP 及其增长率来源于《中国统计年鉴》(2018)，GDP 按当年价格计算；2018 年的 GDP 及其增长率来源于《2018 年国民经济和社会发展统计公报》。

表3-4 2014—2020年中国政府收入预测

年 份	GDP/亿元	宏观税负/%	政府收入/亿元
2019	956128	32.01	306057
2020	10105408		3234741

（二）政府收入结构的优化思路

1. 税收收入

总体而言，中国完善税制改革的目标是优化税制结构、完善税收功能、稳定宏观税负、推进依法治税，建立有利于科学发展、社会公平、市场统一的税收制度体系，充分发挥税收筹集财政收入、调节分配、促进结构优化的职能作用。改革的重点任务集中在增值税、消费税、资源税、环境保护税、房地产税和个人所得税六大税种。

2020年以后的30年里，我们认为不可回避的工作是遗产和赠与税制度建设，即以官员财产报告和一定级别以上的公示制度为客观前提的遗产和赠与税制度建设。上一届政府推出收入分配改革的指导意见，最后形成的是一个若干意见建议，其中已经重提要研究开征遗产增值税，我们研究的看法，眼下中央没法把它列入改革方案，重要的原因是还没有建立其他现代国家无一例外建立的财产报告、公示制度，因此，无法要求中国的公众向政府报告自己的财产情况，以及后续继承者交遗产和赠与税，且无法形成公信力。这就把改革与更深刻的行政和政治改革连通考虑。

中国"十三五"及中长期税收收入具体优化思路如下。

（1）以六大税改革为突破口，深化税收制度改革。

第一，全面完成营改增改革。首先，在全国范围推营业税改增值税改革，扩大服务业实施增值税的范围，实行完全出口退税制度。其次，适度降低增值税税负。在现已实行的降低税率的基础上，把一般纳税人的三档税率"向下归并"为两档；同时，为减轻增值税的累退性，建议对生活必需品等实行6%的低税率或免税。再次，酌情调整增值税小规模纳税人的起征点，达到降低小微企业税收负担的目的。最后，进一步完善增值税出口退税制度。除国家明确规定不鼓励出口的产品以外，对所有货物和劳务的出口，原则上都应实行零税率，予以彻底退税。

第二，调整完善消费税制度。首先，合理调整消费税征税范围。总体上，应建立消费税课税范围的动态调整机制，对社会上新出现的属于超前消费的高档消费品和消费行为适时纳入课税范围，将已经成为大众化消费的消费品"剔除"出课税范围。其次，合理调整消费税税率。根据应税产品对环境的污染程度及对资源（或能源）的消耗量，采取差别税率。对高能耗、高污染、资源利用率低的产品、非生产性消费品的税率，以及卷烟、鞭炮等危害身体健康和环境的消费品的税率实行高税率；对清洁能源和环境友好的产品实行低税率或零税率。再次，合理调整消费税在中央与地方的分配关系，选择部分品目的消费税收入实行中央与地方共享，一些收入少、地域特点明显、以调节为主的应税品目（如今后可能纳入征收范围的高档商品、消费娱乐项目等）可延后至销售环节征收，全部归地方财政，以部分对冲营改增全面铺开后地方税收减少的影响。最后，进一步考虑将具有消费税性质的车辆购置税合并到消费税的机动车（小汽车、摩托车）征收，以简化税制，并将其划归为地方税。

第三，按照价、税、费、租联动机制，完善资源税费制度。首先，改革资源税，从价计征，扩大范围，清费立税。在将煤炭及其他非金属矿原矿、铁矿及其他金属矿等具备条件的税目改为从价定率计征后，酌情适当提高征税标准。对目前不具备从价计征条件的税目，提高单位税额；扩大资源税征收范围，将地热、矿泉水等水资源纳入资源税的征收范围，逐步扩大至全部水资源、森林资源、草场资源、海洋资源等；坚持清费立税的原则，将资源税改革与资源收费改革协同推进。其次，积极推动价税财改革联动。以资源税改革为契机，加快能源、资源价格改革步伐，更好地发挥价格信号在资源配置中的引导作用。重点推进电力部门配套改革和电价改革，强化市场导向下的竞争。工业、商业和民用三大类别电价仍可有所区分，逐步合并工、商用电价，民用电价采用阶梯电价，鼓励居民错峰用电。再次，完善矿产资源补偿费制度。适当提高其征收标准，并考虑建立动态调整机制，以充分体现国家作为矿产资源所有者的利益。其资金按照"中央拿小头，地方拿大头"的方式进行分配，用于矿山的恢复和治理。最后，加强各项资源收费的改革。一是完善探矿权、采矿权使用费和价款制度；二是建立可持续发展准备金制度；三是整合其他相关收费。

第四，强化环境保护税收，逐步改进环境税收体系。在环境税制整体设计中，首先，新的独立环境税种的设立，这已由对环境污染排放的收费改为税收来实现。其次，在税收中使相关的税种如消费税、资源税等进一步"绿化"。中国环境税的征收范围，开始时应设定为包括废水、废气、固体废弃物等在内的污染物排放和二氧化碳排放。税负水平的设计应考虑到污染治理成本、经济技术条件、排污者的承受能力、不同地区环境现状以及环保目标差异。具体可结合参考过去在征收排污费方面积累的数据经验，根据不同的征税对象，分别采用定额税率从量计征或比例税率征收。环境税覆盖面的扩大有客观必要性，应先易后难、逐步推进，选择实施条件成熟，易于落实的污染排放税目，如二氧化硫、氮氧化物、化学需氧量（COD）、氨氮等先行开征；其他不具备开征条件的税目，可随着条件的不断成熟，逐步开征。

第五，整合相应税费，加快立法，开征房地产税。首先，在"税收法定"的轨道上改革房地产税，公平土地税负，建立与强化保有环节调节机制。按照"均地负、重保有、合房地、重评估、扣基本、分类率、建系统、渐覆盖、先商（用）豪（宅）、后普宅"的思路，开征住房保有环节的房产税。建议在沪、渝两地个人住房房产税试点基础上，加快立法进程，完成立法后对地方充分授权，逐步在全国推开；建立基层社区、地方辖区公众参与制定、优化房产税规则的机制；下调过高的住房用地税负，提升过低的工业等用地税负，合理设定公共设施、行政用地税负，提高城乡建设用地综合利用效率；简并流转交易环节税费，重点发展保有环节房地产税，将住房流转带来的增值收入纳入个人所得税改革统筹考虑；计税依据为房屋、土地评估价值，合并评估征收；不同类型的住房税率区别对待：基本住房免除，改善性住房低税率，享受性住房中度超额累进税率，大量持有的投资、投机性住房高度超额累进税率；赋予省级政府一定的法规政策制定权，如基本住房扣除、税率设定、实施节奏等，建立、发展评估机构，改进评估方法。其次，取消土地增值税。建议取消土地增值税，对房地产转让实现的收益（不动产利得）分别纳入企业所得税和个人所得税中征收。

第六，以整体化设计方案完善个人所得税。首先，调整费用扣除标准，并建立动态调整机制。费用扣除标准应考虑将教育、医疗和住房方面的支出作为调整扣除标准的依据，同时可考虑将费用扣除标准与居民消费价格指数（CPI）挂钩，进行定期调整。其次，适度调整税率及级次。可考虑降低中收入者适用的税率，扩大不同税率之间的间隔幅度，减少级数，拉开级距，明显降低最高边际税率。再次，逐步推进分类与综合相结合，并考虑家庭赡养系数等差别化专项扣除的征收模式。对个人的工资薪金所得、劳务报酬所得、稿酬所得、特许权使用费所得实行综合征收后，下一轮个税改革应把金融资产收益等非劳动收入也纳入综合征收，对其他临时性、偶然性收入（财产转让所得、股息红利所得、偶然所得、其他所得）可维持分项征收方式。综合征收的部分适用超额累进税率，并考虑必要的政策引导因素对税基做出差别化的扣减。最后，在实施配套改革中，加强个人所得税的征管改革。

（2）优化税制结构，逐步提高直接税比重。

党的十一届三中全会以后，中国实行改革开放，迈开了由计划经向市场经济转轨的步伐，中国税制也呈现出从不规范到逐步规范的转型税制的特点。直至1994年税制改革，初步奠定了符合市场经济发展要求的税制框架。此后，税制又不断地调整和完善，特别是近年来，加快了税制的改革步伐。中国税制不断完善，税制结构总体上不断优化，与中国的市场经济发展要求是基本相适应的。但中国现行税制结构还存在着间接税占比过高等问题，当前至2020年，优化中国税制结构应从以下几个方面入手解决。

第一，有增有减的税制结构性调整。有增有减的税制结构性调整是各国税制改革的主要特点。在税制比较成熟的西方发达国家，普遍是以所得税、财产税为代表的直接税占主要地位，而以营业税、增值税等为代表的间接税占次要地位。所得税在过去很长一段时间内曾是发达国家的最主要税种，但自2008年金融危机以来，一方面，为了刺激供给和需求，应对国际税收竞争，各国普遍进行降低所得税的改革；另一方面，各国需要转向其他税种来增收。所以，最近几年，财产税成为各国关注的重点。有增有减的税制结构性调整成为其突出特点。

第二，合理调整直接税和间接税比例，逐步提高直接税比重。经济分析表明，大部分流转税最终是由消费者负担的，所以流转税因其税负可转嫁的特征而被称为"间接税"。有资料显示，中国以增值税、营业税、消费税为主体的间接税（营改增后营业税并入增值税）占比达68%左右，以企业所得税、个人所得税为主体的直接税占比达25%左右。从比例关系上看，中国是比较明显的间接税制度。2013年，党的第十八届三中全会通过的《中共中央关于全面深化改革若干重大问题的决定》，明确指出"逐步提高直接税比重"。当前至2020年，中国在保持宏观税负稳定的前提下，对税种搭配予以调整，使直接税上升、间接税下降。

（3）多方位充实地方收入，建立健全地方税体系。

第一，打造主体税种，加强税基建设。首先，推进房产税和资源税改革，为市县政府打造主体税种。从长远来看，在不动产保有环节征收的房产税和对矿产资源征收的资源税可分别作为东部发达地区和西部欠发达但资源富集地区的市县政府的主体税种。为此，需要稳步推进房产税和资源税改革。逐步整合目前房地产开发、流转、保有环节各类收费和税收，及时总结上海、重庆房产税试点经验，统筹推进房地产税费制度改革，将住房开发流转环节的税负转移到保有环节。从2015年1月1日起在全国推进个人住房房产税改革，加快地方税源建设。积极推进资源税改革，自2014年12月1日起，在全国范围内实施煤炭资源税从价计征改革，从2015年1月1日起将资源税从价计征方式改革全面推广到其他资源性产品，并逐步扩大资源税征收范围。其次，研究开征地方零售税。除房产税和资源税以外，按照国际经验，可考虑研究开征地方零售税（或称地方销售税），来加强地方政府税基建设。零售税是商品由零售商转至最终消费者的环节征收的终端的间接税，其税基可考虑由中央政府决定，税率由省政府决定，征收与管理则由市县政府执行，税收收入由省级政府和市县政府共享，用于地方政府管辖范围内公共服务和公用设施建设等，且可通过多种方式和途径对税收用途及数额进行公开。

第二，调整中央和地方共享税。首先，将增值税作为中央税，收入按单因素转移支付办法在各级政府进行分配。营改增之后，增值税的收入将明显提升，鉴于增值税与资源配置和全国统一大市场的建立紧密相关，建议将增值税作为中央税，由中央政府统一征管，以切断地方政府分享收入规模与经济规模的关联，避免地方政府对经济的不正当干预。在收入分配上，将增值税收入作为财政转移支付的主要资金，根据各地人口数量这一单因素，按照标准化公式在各个地区间进行分配。每个财政年度之前，应做好增值税收入分享的预算，使得地方政府能够根据这一预算安排地方财政收支，使增值税成为地方政府特别是省级政府的一个稳定、常态化的财政收入来源。其次，推进消费税改革，将消费税改造为中央和地方共享税。扩大消费税征收范围，调整消费税征税环节和收入分享方式。对一些适合在生产环节征收的品目，如国家专卖的烟草消费品和作为国家重要战略性物资的成品油，仍保留生产环节征税的做法，但收入改为中央和消费地共享，中央分享大头。对于其他品目，可将征收环节从目前的生产环节后移至零售环节，收入划归地方政府。最后，改革企业所得税和个人所得税的税收共享方式，由收入分成改为分率共享。改革现行企业所得税和个人所得税全国一率的税收共享方式，可采用税率分成或者地方征收附加税的形式分成。企业所得税和个人所得税的税权归属中央政府，中央政府设定一个全国统一征收的税率，地方政府可在这一税率之外进行加征，但加征的税率有最高限制。此外，考虑到所得税的税源流动会造成税收地区间分布不均，因此，需要建立起一套地区间税收分配的调整机制，促进税收公平。

第三，赋予地方政府一定的税政管理权限。在不违背国家统一税法前提下，可将部分税政管理权限下放给地方政府。同时，为了避免税政管理权限的过度分散和滥用，可首先对省级政府放权，由省级人大审批之下，政府根据各地实际情况，决定一些地方性税种的开征和停征，在一定范围内对税率进行调整等。

（4）全面规范税收优惠政策。

中国现行税收优惠政策尤其是区域优惠政策过多，已出台实施的区域税收优惠政策约50项，几乎囊括了全国所有省（区、市）。还有一些地方政府和财税部门执法不严或者出台"土政策"，通过税收返还等方式变相减免税收，侵蚀税基、转移利润，制造税收"洼地"，不利于实现结构优化和社会公平，影响了公平竞争和统一市场环境建设，不符合建立现代财政制度的要求。未来，首先，应清理规范各类税收优惠政策,违反法律法规的一律停止执行;没有法律法规障碍且具有推广价值的,尽快在全国范围内实施;有明确时限的到期停止执行,未明确时限的设定政策终结时间点。其次,除专门的税收法律、法规外,起草其他法律、法规、发展规划和区域政策都不得突破国家统一财税制度、规定税收优惠政策;未经国务院批准,不能对企业规定财政优惠政策。最后,建立税收优惠政策备案审查、定期评估和退出机制,加强考核问责,严惩违法违规行为。

(5)加强税收征管改革。

第一,加强税收征管法律制度建设。立足解决制约税收征管实践的难点问题,增强前瞻性,抓紧做好税收征管法律制度的"立、改、废"工作,尽快完成《税收征管法》修订工作,平衡配置税务机关与纳税人的权利和义务,做到既适应加强征管、保障收入的需要,又满足规范权力、优化服务的要求。

第二,建立完备的涉税信息数据系统。完备、准确的信息系统是各项税制改革的前提条件。在大力推进信息定税管税的前提下,税务部门亟须与相关职能部门共享信息,各部门之间也应建立这种信息共享机制。应建立全国统一通用的全社会人、房、地、企业、政府、社会机构等的标准化唯一代码制,由各部门运用唯一代码采集与之职责相关的个人、企业、政府、社会机构的基础性原始信息,并建立本部门的全国大集中、全覆盖的专业信息系统;在此基础上,形成各部门之间双边或多边信息共享平台;同时,再建立一个独立于各部门之外的全国性、综合性的法定信息互通共享大平台,构建既能互通信息,又有限度、受约束、可控制的信息共享系统和机制。

第三,完善征管制度建设,切实提高征管水平。以数据信息的采集和应用为重点,切实加强税收风险分析监控。改进风险分析手段,加强风险分析应用。规范纳税评估程序,改进纳税评估方法,加强对纳税评估工作的监督制约。加强数据管理,充分利用各种信息,不断提高信息管税水平。

2. 非税收入

非税收入是政府财政收入的重要组成部分,是政府参与国民收入分配和再分配的一种形式。为经济社会的全面健康发展提供了有力的财力保障。2007年中国政府正式全面实施政府收支分类改革，将"非税收入"科目纳入预算管理。虽然财政部要求自2011年起非税收入全面进行预算管理，而实际上各地普遍做法未有实质改变，非税预算内外资金"两张皮"问题未真正解决，所谓的"全面预算"只是形式。部分省市虽然已初步建立了《政府非税收入管理条例》和制度监管的基本框架，但仍处于在改革探索的初级阶段，存在着法制不健全、机制体制不完善、管理不规范、监督不严格等问题。为此，需要进行以下改革和完善。

（1）完善非税收入法规制度，构建权威、系统的非税收入收缴管理法律保障机制。

目前，中国在非税收入方面的立法层次相对偏低，尽管部分地方政府[①]出台了非税收入管理条例，但国家还没有制定一套完整的法律，也没有关于非税收入管理的规定，致使非税收入收缴管理过程中出现的项目繁多、多头管理、自收自支等问题。因此，目前最为迫切的工作是要制定全国性非税收入管理法规，以解决现行规定权威性不足、各自为政、难以协调和执行的问题。为此，财政部应尽快研究制定《政府非税收入管理办法》，在条件成熟时再由国务院制定《政府非税收入管理条例》，以明确非税收入的含义、性质、管理原则、收缴方式、票据管理、资金管理、监督检查及法律责任等基本问题，实现有法可依。据此，财政部、发改委等部门应分类、配套制定或修改关于非税收入的《项目管理办法》《票据管理办法》《预算管理办法》《非税绩效评价办法》及《国有资产（资源）有偿使用收入管理办法》等规章或规范性文件，对非税管理中的专门事项做出具体规定。同时，各省市自治区应根据国务院和财政部、发改委等部门的规定，清理、修改、补充或制定非税收入的地方性法规、规章和制度，具体落实国家的有关政策规定。此外，在《预算法》《政府采购法》等法律法规进行修订时做出相应修改或补充。通过上述系列步骤和行动，逐步建立从非税收入项目的设立到预算、收缴、使用和监督的完整法律制度体系和保障

[①] 近年来，湖南、辽宁、广西、安徽等地方政府都在建立健全非税收入管理法律方面进行了积极的探索，相继出台了多部地方性法律法规来规范非税收入的管理工作，为加速实现非税收入管理的法制化做出了贡献。

机制。

（2）合理确定非税收入的项目，完善非税收入标准管理。

第一，明确非税收入征管范围。财政部门作为非税收入主管机关，应对现有的政府非税收入项目进行清理整顿，分流归位。首先，对于具有税收性质的收费和基金，应逐步改为税收；对不合法、不合理的收费项目则予以清理取缔；对应征收的项目划入征管范围之内。其次，通过公共决策程序对于非税收入项目进行适时变更和调整，一是国家设立政府非税收入项目都应有严格的法律依据。二是非税项目和标准的设定或变动须经过严格的法律或行政审议程序，听取民意。

第二，合理确定非税收入项目的组成结构。为使各类非税收入能够在充分发挥各自作用的基础上实现有序协调，需要围绕结构，合理确定各类非税收入项目的组成和比例。首先，提高国有资产在非税收入中所占的比重。国有资产、资源的有偿使用收入、国有资本的经营收益具有较大的增收潜力，可将其逐步培养成非税收入增长的中坚力量。其次，降低政府性收费在非税收入中所占的比重。要改变当前政府性收费占非税收入主体性地位的情况，要逐步缩减收费规模边界，实现对不同种类收费的分源管理、分流管理、分类管理和分项管理。最后，控制罚没收入规模。要从源头上规范执收执罚行为，建立完善良好的执罚工作程序，减少违规罚款现象的产生。

第三，加强非税收入标准管理。政府非税收入项目标准的确定涉及诸多方面的利益，因此，在其标准的确定过程中一定要遵守科学性、规范性和相对稳定性的原则。首先，完善公共决策程序。要充分发挥听证制度在整个非税收入标准确定过程中所具有的积极作用，使各方经济利益主体能够共同参与到标准的制定及讨论中来，充分体现出对群众的重视，使制定的标准更加科学，为缴费者所接受。其次，对非税收入标准执行过程中的管理要同对税率的管理一样，建立由财政部门提出，立法机关审批的管理体制，并且要符合非税收入所应满足的政策性和目的性。最后，建立非税收入标准公示机制，通过新闻、广告等多种传播宣传手段告知社会公众，促使缴费人主动按时缴费。

（3）创新非税收入管理模式，实行分级分类预算管理。

第一，建立"征收、预算、使用"彼此独立的非税收入管理模式。逐步改变非税收入的收支主动权归属部门的现状，建立"征收、预算、使用"彼此独立的非税收入管理模式。首先，设立专门的机构对非税收入的征收工作进行管理，从而实现征管职责的集中。其次，将非税收入纳入统一的财政预算中来，加强对其管理的重视程度，要同对税收收入的管理一样，进行统筹安排。最后，实行对非税收入的宏观调控与管理，将其直接缴入国库或财政专户，进行统一安排与使用。

第二，对非税收入实行分级分类预算管理。由于非税收入之间差异甚大，应实行分级分类预算管理。对专项收入和政府性基金等具有专门用途的非税收入，实行专项预算与统筹调剂相结合的办法；对国有资本经营收益，应纳入国有资本经营预算，发展国有经济；对土地、水面等国有资源有偿使用收入，除补偿收缴成本和手续费支出外，其余纳入财政统筹安排；对其他一般非税收入，实行收支脱钩管理。此外，要积极探索非税收入按项目安排资金的新型预算管理方式。在资金调控上，不但要在年度间对非税收入进行调控，而且也要在部门、单位间进行调度，并积极探索非税收入在项目间进行调剂的新路子，提高非税资金的使用效率。

（4）加强监督检查，健全非税收入的监管体系。

权力缺乏有效的约束是导致权力滥用和腐败的根源，而财政宪政的精神在于对政府财政权加以约束和监督。

第一，规范监督检查方式，加大监督查处力度。首先，构建以财政部门为主，物价、审计、监察等部门为辅，非税执收单位积极配合的监督模式，提高监督效率。其次，实行"收管查"职责分离、相互配合，确保非税收入依法收缴、应收尽收、规范运作。要有计划、有指向地开展非税日常稽查和专项稽查，特别是对非税减免、退付、分成、票据使用及教育收费等应重点稽查。再次，建立纳税人诉讼制度，使公民可依纳税人的身份对政府及其工作人员的财政违法行为提起公益诉讼。最后，进一步完善对违法行为的追究制度，加大对违法征管和使用者的惩治力度，使违法单位及其负责人承担相应的法律责任，以达到对非税收入征管和使用的权力约束。

第二，要提高非税收入管理的透明度，逐步实现各类管理信息由不完全公开到完全公开的过渡。一项非税收入政策的制定可以邀请相关利益主体参与讨论决策，提高公众的知情权、参与权，也会提高日后缴费的积极性。政策在具体的执行过程中，要做到将收支管理各个环节的信息及时公布，接受社会各界的监督。非税收入预算管理透明度的提高，有利于政府做出正确的决策，防范财政风险。

第三，形成一个多层次的监管体系。首先，强化政府内部监督机制。通过扩大监督范围和内容，创新监督手段，加强政府财政、审计和监察部门对非税收入征管和使用的监督稽查。其次，建立独立于政府的监督机构。建立非税收入收、管、用情况定期向人大报告的制度，自觉接受人大监督。最后，制定具体细致的财政信息公开法、新闻法等法律，以加强公众和媒体舆论监督。

（5）规范政府非税收入的收缴管理，加快非税收入收缴管理系统的电子化。

要充分运用先进的科学技术，研究制定一套全国统一标准的、能够实现对非税收入收缴的、全过程进行监控的管理系统，开发出具有完备功能的管理软件，并在全国推广使用。这套系统要能够满足各种收缴方式的需要，并能实现所有收缴单位机构的信息相连，实现非税收入收缴管理各部门之间的信息共享，并实现非税票据、账户体系、非税项目库与软件系统的四统一，进而提高各相关部门的业务收缴和监管能力。

3. 债务融资

债务是政府除传统税收、收费之外的重要融资工具。尽管"政府性债务"涵盖范围广，但当前在中国仍是指其中最受关注的地方政府债务。从某种意义上说，加强政府性债务管理，重点就是要加强对地方政府债务的规范管理。

总体判断，中国还处于发展的战略机遇期，未来经济仍将保持中高速增长，经济持续发展会带来财政收入的增加，这为中国政府债务风险防范奠定了重要的基础。除财政收入外，中国地方政府拥有固定资产、土地、自然资源等可变现资产，可通过变现资产增强偿债能力。此外，地方政府性债务中还有很多属于支持具有经营性质的项目产生的债务，这些项目本身也能产生收益偿还债务。因此，中国地方政府性债务从财政能力和地方政府资产角度来看，风险总体可控。但有的地方也存在一定风险隐患，全面规范地方政府债务管理是一项重要任务。地方政府性债务的治本思路是疏堵结合，开明渠、堵暗道，加快建立以公开透明的政府债券为主体的地方政府举债融资机制，实行分类管理和限额控制，对债务风险高地区进行预警，有效防范和化解财政风险。

化解地方债务风险是一项系统性工程。地方政府债务问题根植于中国特有的行政结构和运行体制，唯有从根本上优化政绩考核导向和激励机制，消除中央与地方之间的非合作性博弈，才能有效地约束地方政府的举债冲动。要把短期应对措施与长期制度建设结合起来，加强源头防范，明确落实责任，做好化解地方政府性债务风险的各项工作。同时，要建立"中央规制＋市场约束"的规范化的地方政府举债机制，为地方基础设施建设提供有制度保障的、正规的、透明化的融资渠道。

（1）加快完善体制，消解地方不当举债的发生机制。

地方政府债务问题的成因是多方面的，既有地方政府为促进当地经济社会发展需要融资的现实需求，也有政府与市场边界不清，地方政府财权与事权不统一导致地方政府资金紧张等体制性因素，还有政府官员绩效考核导向偏差引发的地方官员非理性投资冲动，以及统筹监管不到位，缺乏有效监督等管理因素。为此，一要推进地方政府职能转变，改变依赖投资发展的激励机制，约束其不合理的投资项目和工程建设，这是化解地方债务风险的治本之道。二要加快完善财政体制。合理划分各级财权和事权，推动以支出责任对等为目标的分级财税改革，在建立起财权与事权相统一的财政分配体制基础上，建立严格的地方财政预算监管体制。三要加快地方财政责任法律体系建设。借鉴有关国际经验，建立相应的纠错和问责机制。

（2）治存量、控增量，建立阳光化地方债分类管理制度。

治存量，就是要对近年来已经积累的、庞大的地方政府性债务存量，实行分类管理，其中关键是解决好债务资金偿还来源问题，区分哪些项目可能直接成为财政负担，哪些项目可以通过平台直接偿还，以准确掌握地方政府真正的债务负担信息。总的原则是，公益性债务应纳入地方规范的政府债务范畴，逐步用公共财政收入来偿还；对平台债务，有现金流支撑的收益型债务，要加强管理，用收益来偿还；同时，原有融资平台建设应以市场化转制为基本取向，严格防止发生"暗度陈仓"的地方政府新增债务。

规范地方政府性债务，关键在标本兼治中把握"治本为上"的制度建设，让地方政府所有的债务置于阳光操作之下，改变地方政府隐性举债的行为并努力消除其根源。考虑到城镇化进程中中国基础设施建设高峰期仍将持续，而现有"土地财政＋地方融资平台"的融资机制负面作用凸显且难以持续，需要加快创新基础设施领域的投融资机制，积极发展地方阳光融资制度，并重点构建"市政债（地方专项债）＋政策性金融"的公共投资筹资制度。

（3）建立健全"中央规制＋市场约束"的地方债务风险管控机制。

国际上对地方政府性债务管理大致可分为两大类，第一类是市场约束，即地方政府自主发债，自担风险。这种模式要求市场约束和预算管理约束都要强硬。实际条件是地方充分自治，中央地方职责分工明确，中央不干预地方事务，债务风险暴露，中央也不救助，甚至以地方政府破产为硬约束。第二类是中央控制方式。这种模式下中央测算地方发债能力，对债务上限做出控制，并由中央审批。背景是地方政府并不充分自治。就中国而言，因中央与地方事权和支出责任划分不够清晰，地方政府发生债务风险以后，中央不得不救，预算约束不够强硬。另外，中国资本市场由于利率管制、市场评级发育不足等原因，市场约束不具备防范债务风险的条件。因此，现在我国基本上是采用中央控制模式。现阶段，采用中央批准地方政府发债的方式较为规范，随着中国政府间财政关系的不断完善、地方政府控制和约束力的增强及资本市场的发育，可以逐步降低中央政府对地方政府发债的控制。根据中国的实际情况，中国地方债务管理体制宜选择制度约束型为主的模式，同时辅以一定程度的市场约束型。简言之，中央政府通过一系列的制度来管理地方政府债务，同时赋予地方政府按规定发行、使用、管理债务的权利，正常情况下不受干预。新《预算法》确立了堵疏结合的原则，即在为地方政府举债"开正门"的同时，也设置了若干安全阀来"堵偏门"，从举债主体、用债方向、债务规模、还债能力、管理机制和法律责任六个方面确立了地方政府举债的基本规则。

今后，在认真落实新《预算法》的基础上，同时要做好三项基础性工作。一是推行权责发生制的政府综合财务报告制度，即政府的"资产负债表"，向社会公开政府家底。二是建立健全考核问责机制，探索建立地方政府信用评级制度，倒逼政府珍惜自己的信誉，自觉规范举债行为。三是加强 PPP 机制创新，形成可持续性的政府财政稳后盾支持制度。PPP 机制创新，目前在中国得到空前的强调，未来至少还要做好几十年。中国实践中特别看中连片开发，以这样一些创新为代表的 PPP 的合作机制，要更好地对接财政为后盾的政策融资机制并且要长足发展。我们认为，现在几家政策性银行的改革有了清晰的文件指导，以后对接到政府方面怎么更好地形成可持续性的财政后盾支持，对接市场方面，就是怎么更好地和市场主体、企业，以及各种各样的专业化中介机构形成更好的长期合作。

三、政府支出的调整优化

（一）优化财政支出结构

科学合理的公共支出结构是国家实现经济社会协同发展的重要杠杆。根据马斯格雷夫的经济发展"三阶段说"，一国不同的经济发展阶段会直接影响公共支出的增长及其结构的变化。在经济发展的早期阶段，公共支出的重点集中在基础设施、基础产业方面，而在经济发展的成熟阶段，财政支出则主要向教育、医疗卫生、社会保障、环境保护等民生项目倾斜。此外，公共支出结构的转换与经济增长密切相关，当经济发展到一定的阶段，就必然会出现相应的财政支出结构，而财政支出结构的良性变动与科学调整能够进一步推进经济发展到一个新的阶段。因此，公共财政支出结构的调整必须与所处的经济发展阶段相适应，使支出结构充分适应该阶段经济社会发展的特征和要求。当前中国整体经济实力已经达到较高的水平，因而财政支出应重点投向事关社会公众整体福利的民生性项目。

1. 优化政府投资支出的结构

从产业战略布局来看，第一产业应在稳定中逐步转向"集约经营"，第二产业应该注重产业升级与结构优化，具备更多吸纳就业潜力、与人民群众福利提升紧密相关的第三产业应该受到大力扶持。从成本—效益角度来看，压缩高能耗、高污染、低效率的产业投资，投资性支出重点转向产业升级以及具有更高科技含量与效益前景的产业。从经济内生增长的前景来看，除特定时期外（如经济萧条需要政府直接扩大投资），财政应主要担当政策引导功能，投资拉动应更多依靠社会资本力量形成的"自发增长"效应。

2. 强化民生及公共服务领域的财政支持力度

教育、卫生、医疗、社会保障、住房、城乡社区事务等公共领域，是中国现阶段社会矛盾焦点较为集中的领域，财政支出结构在布局方面的改革应向民生领域倾斜，向中西部欠发达地区倾斜，向有利于经济长远发展、平衡发展的方向倾斜。

3. 优化财政转移支付功能，调节社会收入分配与地域的平衡发展

中国收入分配与经济社会发展的不均衡主要表现在不同收入群体之间的差异、地域之间的不平衡、城乡二元结构的矛盾、垄断性行业与非垄断性行业的差异等方面。这些问题的解决除了直接的中央财政支出的扩张支持外，可以更多通过转移支出安排对弱势一方进行扶持，财政支出在战略层面应该进行合理、统一、有序、规范的安排。

4. 压缩行政刚性支出膨胀需求，树立"过紧日子"思想和节约意识

再多的财政资金都难以承担浪费的代价，更何况我国财政高速增长时代将结束。政府部门花钱要明确树立"过紧日子"思想和节约意识，更加强调结果导向，对行政经费等一般性支出进行严格控制，努力降低行政成本，确保把有限的钱用在"刀刃"上。在过去10余年财政收入高速增长的过程中，不少人已经习惯以支出买政绩，更有人已经形成了年年瓜分"超收"、岁岁改善福利的思维定式和行为模式。当前，随着财政收入高增长时代的结束，政府"过紧日子"应当有清醒的认识并加强治理，决不能停留于喊口号，更不能止步于短期操作，而须将其作为一种长期战略，融入于财政和经济的运行过程。

2020年以后30年里,应实质性改造官员的"待遇终身制",有效调减财政支出中的行政成本。目前,讨论了多年的中国"三公"经费支出在中央层级的压缩空间已经不大了,甚至有些事情做得很苛刻了,其实压缩中国的行政成本有更艰巨的任务。中国现在很多行政成本是跟待遇终身制联系在一起的。2020年以后我们必须在改革攻坚克难的过程中处理好这类棘手的问题。

总之,考虑到人员经费上涨、社会保障支出负担较重的现实和趋势,财政支出中应力求压低行政成本,结合配套改革寻求使其有所下降。支出的主要方向应该定位于加强基本民生保障和基本公共服务均等化、公共基础设施建设等。

(二)优化财政支出方式,完善支出定额标准体系

减少采用专项补贴支持产业、行业发展的方式,审慎、合理地采用税收优惠方式,并探索以"税式支出"的形式将减免税纳入预算管理。公共服务供给要充分将政府与市场结合。中央政府负责提供下限标准的基本公共服务,地方政府根据本身情况在下限基础上提供改善性的基本公共服务,市场提供更高档次的服务。

支出标准体系是为保证财政预算资金分配的规范性、科学性、合理性,而建立的审核部门预算支出的政策依据和测算标准。基本支出定额是政府运作过程中人员经费、日常公用经费的安排标准,是预算编制和执行的重要基础之一。完善中国支出标准体系应从以下几个方面着手。一要加强宏观经济形势分析,把握经济建设和社会发展的实际需要,科学预测国内外经济走势和GDP增长率、物价指数等核心经济指标,明确支出保障范围和保障重点,在财力可能的前提下,统筹平衡机构运转和事业发展需要。二要建立健全成本核算系统,充分运用信息化手段,客观、全面地反映和分析政府运作成本,在此基础上,深入研究各部门的业务特点和事业发展趋势,通过保障范围和标准的动态调整和优化,不断提升定额体系的针对性和有效性。三要实施总额拨款和大类管理,在以量化或可说明的方式明确各部门工作目标的前提下,归并减少各定额分项,逐步形成基本支出综合定额,在人员经费中加大绩效工资比重,在日常公用经费使用中体现部门特色,允许各部门在核定的预算盘子内根据业务开展需要统筹各分项支出,必要时可以突破人员经费与日常公用经费的边界。

（三）健全转移支付制度

总体来说，完善财政转移支付，应该配合有关事权和支出责任的体制改革基础上，降低转移支付的规模，精简其项目；着力提升转移支付政策的有效性；重塑分配规则，增强规范性、法制化和透明度。

1. 在明确划分政府间事权与支出责任的基础上设计转移支付体系

未来中国财政体制改革的方向是强化中央事权和支出责任，明晰各级政府事权和支出责任范围，减少对地方事权和支出项目的干预。相应地，现行转移支付结构要顺势调整。调整的方向，一是强化一般性转移支付，促进基本公共服务均等化，将现行对地方支出责任范围内实施的专项转移支付调整并入一般性转移支付。二是专项转移支付应主要解决外部性、共同支出责任问题和实现中央特定政策目标，对中央事权和支出责任范围内的事项，由中央财政支出，不再通过专项转移支付安排，对地方事权和支出责任范围内的事项，原则上通过一般性转移支付安排，增强地方自主权，中央财政不再通过安排专项转移支付加以干预。

2. 完善一般性转移支付制度

科学设置一般性转移支付和专项转移支付，发挥好各自的功能作用，逐步增加一般性转移支付规模和比例，更好地发挥地方政府贴近基层、就近管理的优势，促进地区间财力均衡，重点增加对革命老区、民族地区、边疆地区、贫困地区的转移支付。中央出台减收增支政策形成的地方财力缺口，原则上通过一般性转移支付调节。要设定长期、中期和短期基本公共服务均等化目标，明确公共服务的领域和事项。针对不同时期的目标，选择切实可行的政策路径。进一步完善一般性转移支付制度框架，明确转移支付的资金来源，减少转移支付总规模确定的随意性。优化一般性转移支付资金分配方式，继续发挥多年来选择客观因素、按照公式分配资金的优势，减少资金分配的随意性。按照人口、地理、服务成本、功能区定位等因素优化转移支付的均等化公式，加强对欠发达地方政府的财力支持。优先弥补禁止和限制开发区域的收支缺口，推进基本公共服务均等化。

3. 完善专项转移支付制度

专项转移支付要根据政府间支出责任划分，进行分类规范、清理整合。大幅度减少转移支付项目，降低专项转移支付占全部转移支付的比重，归并、整合专项中的重复交叉以及相似内容或可归并项目。逐步取消竞争性领域专项和地方资金配套，严格控制引导类、救济类、应急类专项，对保留的专项进行甄别，属于地方事务且数额相对固定的项目，划入一般性转移支付，并根据经济社会发展及时清理专项转移支付项目。设定专项转移支付门槛和准入机制，建立健全专项转移支付定期评估和退出机制。市场竞争机制能够有效调节的事项不得设立专项转移支付。除按照国务院规定应当由上下级政府共同承担的事项外，上级政府在安排专项转移支付时不得要求下级政府承担配套资金。上级政府应当提前下达转移支付预计数，地方各级政府应当将上级提前下达的预计数编入本级预算。

4. 完善财政转移支付管理体制和监督机制

完善转移支付管理体制，取消部门多头管理和分配。增强政府间转移支付的统一性和完整性，明确财政部门为财政性转移支付唯一的实施和管理主体，取消系统内转移支付做法，上下级政府部门之间往来的专项资金应当一律纳入财政转移支付，由财政安排到具体的支出部门，并纳入部门预算管理，接受同级财政和同级审计的监督。同时，要完善转移支付监督机制。对于一般性转移支付，由于中央不规定其具体的用途，由地方政府自行支配，这部分资金运用的监督管理应主要通过对地方政府的预决算的审查和预算执行的监督来实现。对于专项转移支付，则要从项目的立项审查、项目的跟踪督办直至项目验收考核进行全过程的监督管理，建立转移支付制度的绩效评价机制。

5. 推进转移支付立法，健全转移支付法律法规制度

此前有关转移支付的管理制度属于部门规章，比较分散，立法层次较低，约束性不强。新修订的《预算法》第16条、第38条、第52条等条款对转移支付的设立原则、目标、预算编制方法、下达时限等做出规定。在认真履行新修订的《预算法》

的同时，还应考虑研究制定《财政转移支付法》，通过加强财政转移支付的立法工作，规范各方面在财政转移支付的预算编制、项目管理特别是专项转移支付的立项、分配和管理、监督等各环节的行为，理顺工作机制和决策程序，促进公开透明，更好地发挥财政转移支付的作用。

（四）推进和完善服务项目政府采购

经过10多年的改革发展，中国政府采购制度改革进入了全面发展的新时期。从某种意义上讲，推行公共服务政府采购，正是适应基本公共服务提供方式改革的需要，扩大政府购买服务、深化政府采购制度改革的集中体现。政府采购管理和运行基础不断巩固，为开展公共服务政府采购工作奠定了坚实基础；政府采购结构的变化和实施范围不断拓展，为开展公共服务政府采购工作提供了实践的载体；而公共服务政府采购工作的开展，则是政府采购管理职能拓展的必然结果和直接体现。

近年来，中国一些地方立足实际，按照中央关于转变政府职能和创新社会管理的要求，积极探索政府向社会组织等社会力量购买服务，取得了良好效果。其中，广东、上海等省，以及杭州、成都、无锡等30多个地级市出台了政府购买服务的有关文件，在市政、养老、社会救助、社区服务等领域做了大量探索，积累了不少好的做法和经验。政府购买服务涉及国家治理方式、社会管理模式和财政资金使用方式的变革，可以说，是对中国传统管理模式的一场深度调整和革命。为适应未来深化财税管理改革和建立现代财政制度的新变化，应从以下几个方面建立和健全政府购买服务制度。

1. 合理界定购买范围，明确购买目录

明确哪些可以买、哪些不能买，是顺利开展政府购买服务工作的前提和基础，也是政府购买服务实践的难点所在。公共服务的范围取决于界定政府和市场、社会边界的尺度，取决于政府职能和政府间事权的划分基础，取决于政府活动的规模和范围，取决于一个国家的体制和发展阶段。同时，公共服务的内涵也是随着形势的发展变化而不断演变的。

2014年4月，财政部颁发了《关于推进和完善服务项目政府采购有关问题的通知》（财库〔2014〕37号），按照服务受益对象将服务项目分为三类：第一类，保障政府部门自身正常运转需要向社会购买的服务。如公文印刷、物业管理、公车租赁、系统维护等。第二类，政府部门为履行宏观调控、市场监管等职能需要向社会购买的服务。如法规政策、发展规划、标准制定的前期研究和后期宣传、法律咨询等。第三类，增加国民福利、受益对象特定，政府向社会公众提供的公共服务。包括以物为对象的公共服务，如公共设施管理服务、环境服务、专业技术服务等；以人为对象的公共服务，如教育、医疗卫生和社会服务等。

政府逐步向社会力量购买服务的目录应分为以下几类：基本公共服务类，包括基本公共教育、劳动就业服务、人才服务、社会保险、社会救助、社会福利、基本养老服务、优抚安置服务、基本医疗卫生、人口和计划生残疾人基本公共服务、环境保护、交通运输、市政管理、服务"三农"等；社会管理服务类，包括社会组织管理、社区事务、社工服务、法律援助、慈善救济、公益服务、人民调解、安置帮教、公共公益宣传等；行业管理服务类，包括行业规划、行业规范、行业职业资格认定、行业调查、行业统计分析、贸易纠纷诉讼、处理行业投诉等；中介技术服务类，包括项目评估、项目评审、检验检疫检测、技术服务、业务咨询、资产评估、财务会计咨询、审计服务、绩效评价等；其他公共服务类，包括法律服务、决策咨询、课题研究、会议经贸活动、展览服务等。

2. 规范政府购买服务的组织程序和运行机制

按照公开、公平、公正原则，建立健全政府向社会力量购买服务机制，及时、充分向社会公布购买的服务项目、内容及对承接主体的要求和绩效评价标准等信息，建立健全项目申报、预算编报、组织采购、项目监管、绩效评价的规范化流程。购买工作应按照政府采购法的有关规定，采用公开招标、邀请招标、竞争性谈判、单一来源、询价等方式确定承接主体，严禁转包行为。购买主体要按照合同管理要求，与承接主体签订合同，明确所购买服务的范围、标的、数量、质量要求，以及服务期限、资金支付方式、权利义务和违约责任等，按照合同要求支付资金，并加强对服务提供全过程的跟踪监管和对服务成果的检查验收。承接主体要严格履行合同义务，按时完成服务项目任务，保证服务数量、质量和效果。

3. 建立政府购买服务预算管理制度

政府购买服务所需资金从其部门预算安排的公用经费或经批准使用的专项经费中统筹安排，剥离出来以后形成政府购买服务预算，实行预决算单列。随着政府提供公共服务的发展所需增加的资金，应按照预算管理要求列入政府购买服务预算，购买主体要按规定编制政府购买服务年度预算，经财政部门批复后下达，作为购买主体政府采购预算，年度中间追加的政府购买服务预算也要下达政府采购预算。经过法定程序完成采购后，按政府采购规定实行国库集中支付，向承接主体支付政府购买服务资金。

4. 建立政府购买服务绩效评价制度

由购买主体、服务对象及第三方组成进行综合性评估，充分发挥专业评估机构、行业管理、专家等方面作用，对购买服务项目数量、质量和资金使用绩效等进行考核评价，评价结果向社会公布，作为以后年度编制政府购买服务预算和选择承接主体的重要依据。

5. 建立政府购买服务监督检查机制

财政、监察、审计及行业主管等部门要建立健全政府购买服务制度，监督、指导购买主体依法开展购买服务工作，建立购买项目考核评估与验收机制，将承接主体纳入年检、评估、执法等监管体系，加强政府购买服务的资金管理和监督检查，确保政府购买服务项目资金用在"刀刃"上，对违法违规行为，按法律规定进行处理，对做出显著成绩的，给予奖励。同时，及时披露、公开政府购买服务相关信息，接受社会监督。

（五）加强财政支出绩效考评

党的十六届三中全会首次提出要建立财政支出绩效评价机制，这是加强财政资金跟踪问效管理，强化支出责任，提高资金使用效益的重要手段。实施财政支出绩效考评，可以优化财政支出结构，逐步提高支出效益，促进公共资源有效配置。近年来，中国对财政支出绩效考评进行了一些实践和探索，自2001年起，在财政部统一部署下，福建、湖南、湖北等地开展了财政支出绩效评价的试点工作，取得了一些成效，但还存在着绩效评价法规制度滞后、评价方式"重脚轻头，重局部轻整体"、评价范围窄、评价指标体系不科学、评价结果运用不够充分等问题，需要进一步改革完善。

1. 推进绩效评价的法规制度建设，保障绩效管理工作的有效开展

目前，中国的法律条文中涉及财政支出绩效评价的法制建设基本上为空白，再加上中央与地方政府部门对其还处于摸索、探索阶段，这些都影响财政支出绩效管理工作的成效。鉴于此，中国需要尽快补充、完善财政支出绩效评价的法制化建设，保障绩效管理工作能够有序、有效地开展。可考虑在《预算法》《审计法》等专门性法律中拓展深化有关财政支出绩效管理的条文，以此加强对财政支出管理的约束力，为今后开展财政支出绩效评价工作奠定必要的法律基础。

2. 扩大绩效评价的对象和内容，推动财政支出绩效评价向全方位、多层次发展

根据开展财政支出绩效评价工作的主体和客体的不同，可将财政支出绩效评价工作分四类：财政支出项目绩效评价、单位财政支出绩效评价、部门财政支出绩效评价和财政支出综合绩效评价。当前，应该从项目绩效评价入手，通过对大类项目的评价反映部门支出绩效，通过强化结果应用约束部门管理行为，按照"逐步扩面、有序推进"的原则，逐步将评价范围拓展到预算编制、算执行和项目安排环节，充分考虑具体项目或部门的特点与环境等综合因素，并结合经济和社会发展实际，推

动部门支出绩效评价向全方位、多层次方向拓展，最终实现对部门支出管理绩效的系统评价。

3. 完善财政支出绩效评价的标准和方法体系

财政支出绩效评价中最核心的部分是公共财政支出绩效评价的评价标准和评价方法。由于财政支出范围广泛，既包括直接的、有形的、现实的支出，也包括间接的、无形的、预期的效益，还要涵盖社会效益和生态效益；不仅要考虑局部效益还要兼顾整体效益；不仅要能够评价短期效益，更重要的是能够评估长远效益，做到这几方面的有机结合。完善财政支出绩效评价标准和方法体系，首先应解决以下问题：一是科学规范的评价标准体系的构建；二是确定指标的权重；三是合理、实用的评价计分方法的选取。绩效财政的评价指标体系要包括共性与个性结合、定性与定量相结合的评价指标、适合的评价标准及正确的评价方法。

4. 规范评价主体，探索引入第三方评价机制

财政支出项目绩效评价主要由政府主导，政府制定绩效评价规则，同时政府又参与绩效评价工作的考核，政府甚至为不同项目制定了共性指标、评分标准、统一的评价报表格式。政府作为项目经费下拨方，希望通过绩效评价这种新方法，提高财政资金使用效益的初衷无可厚非。但是，无论是拨款的政府部门，还是实施项目的单位，都存在许多共同利益，难保主导绩效评价及其考核的政府部门与项目实施单位不合谋，从而使绩效评价成为一种修饰。政府过度参与绩效评价并不利于绩效评价工作公开、公平、公正地开展。鉴于此，在建立健全绩效考评体系的基础上，探索引入第三方评价主体，强化绩效审计，加强绩效问责，使有限的财政资金发挥最大的使用效益。

5. 加强绩效评价结果的反馈和应用

首先，汇总各类财政支出绩效评价的结果，并将其作为第二年度财政分配与部门预算的重要依据，以此建立一整套有关财政支出绩效的激励机制与约束机制。绩

效考评优良的,在下年度的财政分配和部门预算时给予优先考虑;绩效较差的,要通报处理甚至在下年度财政预算中予以扣减。其次,在执行预算的中期,可以根据评价报告查阅、对比资金的使用安排及其绩效,进一步了解部门预算的执行情况,及时发现预算资金使用、安排中的问题。

四、政府预算管理机制的创新优化

现代预算制度是现代财政制度的基础,改进预算管理制度主要从以下几个方面推进:以推进预算公开为核心,建立透明预算制度;完善政府预算体系,研究清理规范重点支出同财政收支增幅或生产总值挂钩事项;改进年度预算控制方式,建立跨年度预算平衡机制;完善国库收付制度;加强预算执行管理,全面推进预算绩效管理。

(一)建立全口径预算,完善政府预算体系

1. 全口径预算管理改革的目标

全口径预算管理改革的最终目标是构建以公共财政预算为基本,政府性基金预算、国有资本经营预算与社会保险基金预算等为辅助的全口径政府预算体系,实现作为立法机构的各级人大对同级政府所有政府性收支行为的立法控制。这意味着,所有政府收支都应当取得立法机构的授权,只有取得授权,政府的活动及其相应的收支才具备合法性。

2. 全口径预算管理改革的主要内容

第一,构筑全口径预算管理的基础,财政部门统揽政府全部收支。全口径预算管理的基础是形成以财政部门统揽政府收支、相关预算单位积极配合的预算管理体系。所有政府收支活动都应纳入财政部门的管理监督视野,各种政府收支都应在全口径预算体系的平台上进行分配,以全局利益消除局部利益,预算单位只能通过全

口径预算体系的平台安排收支,切断预算单位行政履职与其经费拨款之间的直接关联,从而真正形成财政部门统揽政府收支,政府资金分配必须经由预算安排的、完整的政府收支管理体系。

第二,建立各项预算之间的统筹与审批机制。进一步探索公共财政预算、政府性基金预算、国有资本经营预算与社会保险基金预算之间的有机衔接制度。对于收入较稳定的政府性基金,可逐步纳入公共财政预算管理;国有资本经营预算应将更多的收入转入公共财政预算,与社会保险基金预算的资金联系原则上是应通过公共财政预算。从预算的完整性出发,各子预算应统一协调在政府预算体系的大盘子中,让各方面真正了解各子预算的具体情况,优化财政资金的真正统筹使用。

第三,进一步完善政府收支分类科目。在全口径预算管理体系下调整各项预算的具体收支科目,使之能够通过彼此关联的相关科目,形成各项预算之间的有机衔接,实现各项预算在收支方面互通互联。

第四,实现政府内部的财政统一。按照市场经济的基本规则和国际通行规范,逐步将有关政府收支的所有事项归于财政部门统一管理,严禁其他政府部门直接向企业、居民实施财政性分配活动。

3. 全口径预算管理的路径选择

全口径预算管理改革涉及国家最基本的权力分配格局,而这种权力分配格局的最终状况不仅与政体有很大的关系,同时也受到历史、传统的很大影响。中国是一个需要具有中央相对集权特点的单一制国家,并且正处于转轨过程的发展中大国,全口径预算管理改革要根据上述国情,按照先易后难、分阶段推进的原则进行。改革路径可分为三个阶段。

第一阶段,在行政控制层面,将政府各部门各类收支通过编制部门预算的方式全部纳入财政部门监督管理范围,实现政府收支的全口径预算管理并报送同级人大审议。

第二阶段,根据不同级次政府的实际情况,进一步完善国有资本经营预算和社会保险基金预算,并在各子预算之间建立以公共财政预算为主导的规范、明确、透明的资金往来关系。这一目标的实现，在很大程度上取决于社会保险基金预算统筹层次的调整。国有资本经营预算则取决于其覆盖范围与国有资本收益分配制度是否最终确立。

第三阶段，在条件成熟时，由全国人民代表大会负责全面审查中央部门和单位的各项政府性基金和行政事业性收费，归并缩小基金及收费项目，减少基金与收费数量，适合实行费改税的要转变为税收，今后应废止中央部委设立基金和行政事业性收费项目的权力。同时，应由省级人民代表大会负责全面审查省级人民政府批准设立的行政事业性收费项目，将地方政府的收费设立权收归地方立法机关。

（二）改进年度预算控制方式，建立跨年度预算平衡机制

建立跨年度预算是较科学的编制模式，有利于瞻前顾后，综合平衡，统筹协调，其实质是建立动态预算要求的一种体现。中国现在编的预算都是一年预算（即从当年1月1日到12月31日的预算），但有的支出是跨年度的、滚动的，所以为了更好地体现管理要求，编制滚动预算、中长期预算或跨年度预算，能够使得支出的安排更长远和更有系统性，也可避免一下子安排的支出用不掉或在预算之外追加预算等不足。

跨年度预算平衡机制的建立是预算编制方面一个重要改进，既是防控财政风险的重要手段，也能使得财政收支更好地和政府规划进行衔接。目前，中国的政府规划是5年制，财政预算应该与其衔接。要通过财政跨年度预算平衡机制来优化政府规划编制，也就是说，政府规划要建立在对收入预测的基础上，要根据收入状况来规划。

跨年度预算平衡机制改善和加强了财政政策对宏观经济稳定的作用。年度预算里，财政政策对经济的影响不能完全展示出来。宏观调控要求财政政策要有灵活性，有时候可以有赤字，但在一个周期内要平衡。

建立跨年度预算平衡机制，年度预算审核重点由收支平衡转到支出政策上，收入预算从任务改为预期，预算确定的收支平衡状态在执行中有可能被打破。为确保

财政的可持续，就要建立跨年度预算平衡机制，一方面是建立跨年度弥补超预算赤字的机制；另一方面是建立中长期重大事项科学论证的机制，对一些重大项目不能一年一定政策，要有长远考虑，通过实行中期财政规划管理，强化其对年度预算的约束性，增强财政政策的前瞻性和财政可持续性。

中国一些地区已经先行试水跨年度预算平衡机制。据悉，目前河北省本级和河南省焦作市，已经采取了中期滚动预算。鉴于实际情况，当前可以采用一个较为简化的版本，如期限可以是三年期，项目上可先尝试投资项目预算、社会保障项目预算以及或有负债项目预算。在此基础上，未来可考虑延长滚动期限和扩大项目范围。循序渐进的思路也可体现在推广范围上，比如可先从某一个部门开始做起，或从某一个地区开始做起，逐步扩大，进行渐进式推进。

（三）大力推进预算公开，建立透明预算制度

预算公开是公共财政的本质要求，是政府信息公开的一项重要内容。预算公开本质上是政府行为的透明，是建设阳光政府、责任政府的需要，也是依法行政、防范财政风险的需要。推进预算公开，是确保人民群众知情权、参与权和监督权的重要举措，有利于调动人民群众参与社会管理的积极性，有利于加强反腐倡廉建设，有利于提升政府的公信力和执行力。借鉴国际经验，从中国实际情况出发，按照党的十八大报告中"完善党务公开、政务公开、司法公开"的要求，注重顶层设计、明确实施步骤，积极稳妥推进预算公开。逐步扩大公开范围、细化公开内容，不断完善预算公开工作机制，强化对预算公开的监督检查，逐步实施全面规范的预算公开制度。新修订的《预算法》首次对"预算公开"做出全面规定，第14条对公开的范围、主体、时限等提出明确、具体的要求，对转移支付、政府债务、机关运行经费等社会高度关注事项要求公开做出说明，并在第92条中规定了违反预算公开规范的法律责任。进一步做好、做实预算公开工作，一是进一步细化预算编制，增强预算编制的准确性、科学性，严格预算执行，完善预算支出标准体系，大力推进绩效考评，为预算公开奠定坚实基础。二是进一步提高政府经常性预算的透明度，加强部门项目预算管理，全面公开项目支出资金使用情况。按照部门预算公开的主体原

则，积极推动部门预算公开。凡是《政府信息公开条例》规定应该公开、能够公开的事项，都应及时、主动公开。进一步细化政府预决算公开内容、扩大部门预决算公开范围和内容，除涉密信息外，中央和地方所有使用财政资金的部门均应公开本部门预决算。三是督促省级财政部门进一步做好预算信息主动公开工作，全面、完整公开本级财政预算信息，并加强对下级财政部门预算公开工作的指导。四是密切跟踪各地财政和部门预算公开工作进展，积极研究预算公开中的新问题新情况，注意收集社会反应，做好舆论引导工作，进一步改进预算公开工作。五是推进政府会计改革，逐步建立政府财务报告制度。根据三中全会决定关于"建立权责发生制的政府财务报告制度"的要求，新预算法在附则中对各级政府提出了按年度编制以权责发生制为基础的政府综合财务报告的明确要求。政府财务报告作为全面反映政府财务状况、运行情况和财政中长期可持续的综合性年度报告，是反映政府财务情况的存量"家底"，将和预算报告相互协调，共同反映政府履行各项职能和资金绩效的情况。新预算法的原则性规定为未来各级政府全面建立政府综合财务报告制度指明了方向。

（四）清理规范重点支出同财政收支增幅或生产总值挂钩事项，优化财政资金配置结构

目前，中国与财政收支增幅或 GDP 挂钩的重点支出涉及 7 类（教育、科技、农业、文化、医疗卫生、社保、计划生育等）、15 项规定，2013 年该类资金占到全国财政支出的 47.4%。如《农业法》规定，农业投入占当年财政支出的比重不能低于上年，并逐步达到 15% 以上；《教育法》规定，教育投入要高于经常性收入增长比例，后来又规定财政教育性经费支出要达到 GDP 的 4%。

支出挂钩机制在特定发展阶段为促进上述领域事业发展发挥了积极作用，但也不可避免地导致财政支出结构固化，肢解了各级政府预算安排，加大了政府统筹安排财力的难度，而且不符合社会事业发展规律，容易引发攀比，甚至导致部分领域出现了财政投入与事业发展"两张皮""钱等项目""敞口花钱"等问题。这也是造成专项转移支付过多、预算管理无法全面公开、资金投入重复低效的重要

原因。

党的十八届三中全会通过的《中共中央关于全面深化改革若干重大问题的决定》明确规定,"清理规范重点支出同财政收支增幅或生产总值挂钩事项,一般不采取挂钩方式。"新修订的《预算法》删除了预算审查和执行中涉及法定支出的规定,同时强调各级一般公共预算支出的编制中,国家确定的各项重点支出,应当在统筹兼顾的原则下,在保证基本公共服务合理需要的前提下,予以优先安排。通过清理规范挂钩机制,在继续坚持相关领域优先安排、重点保障的基础上,避免形成财政支出僵化固化机制,提高财政预算统筹能力,增强财政投入的针对性、有效性和可持续性。

(五)进一步完善国库支付制度和国库现金管理制度

2001年,中国开始实施财政国库管理制度改革,核心是推行国库集中收付管理制度改革。国库集中收付改革的首要目标是,革除传统国库存在的资金分散收付、运行效率和使用效益较低、透明度不高等弊端,使所有尚未支付的财政资金保留在国库单一账户中,统一归于国库管理,实现财政部门对政府现金流的有效控制。至今已经基本建立起以国库单一账户体系为基础,资金缴拨以国库集中收付为基础的现代财政国库管理制度。未来应继续深化国库集中收付制度改革,加强对包括专项转移支付在内的所有财政性资金实施支出控制,把单一账户国库集中收付制发展为"横向到边、纵向到底"。通过实施这种标准的国库单一账户制度,不仅能减少政府资金收支环节,简化业务流程,便于账务核算及核对,还能有效规避资金风险,提高资金运转效率。

随着单一账户国库集中收付制改革的大力推进,高库存的国库资金为国库现金管理提供了巨大的操作空间。但是,在实际运营中必须循序渐进,既要保证财政支付需要和国库资金安全,又必须正视国库现金管理可能带来的政策扰动。进一步完善国库现金管理制度,设立国库现金收支基础数据库,探索准确预测国库现金收支流量和国库现金余额的技术方法,确定最低国库现金余额。进一步逐步完善中央国库现金管理制度,鼓励探索地方国库现金管理制度建设。探索国库现金管理与国债管理配合机制，同时加强中央国库短期投融资工具的灵活使用与管理，完善国债回购和逆回购投资工具的使用，增加发行短期国库券等融资方式。

（六）加强预算执行管理，积极推进预算绩效管理

公共财政资金是政府履职的物质基础和体制保障，但受传统预算管理方式的影响，中国预算管理中"重投入、轻管理，重使用，轻绩效"的问题还在很大程度上存在。绩效预算是预算制度发展的新趋势，它能有效地提高政府预算资金的使用效率，提高预算的公开化和透明度，目前世界上很多国家都已融入绩效预算的改革浪潮中。实现"中国梦"是中国未来发展的美好愿景，而预算领域的"中国梦"就是建立一个公开透明、科学高效的预算管理模式，为了实现这一目标，推行绩效预算改革将是一个总体方向。

目前，中国正在不断推进预算绩效管理改革，在一些领域和部门进行了实践探索和尝试，取得了一定的成效，初步树立了绩效管理的思想理念，逐步建立了预算改革的相关制度，并且在技术上进行了考评指标的改进和信息系统的完善。但是，这距离绩效预算的要求还有不小的差距，当前中国绩效预算改革面临着的预算的编制制度不合理、绩效考核指标体系不健全、绩效改革信息化手段落后和监督机制不完善等现实问题。

党的十八大报告提出了加强政府绩效管理的要求。到2020年期间，要全面推进预算绩效管理，大幅提升财政管理水平。为此，一是建立预算绩效管理机制。树立"用钱需问效，无效要问责"的绩效理念，建立"预算编制有目标、预算执行有监控、预算完成有评价、评价结果有反馈、反馈结果有应用"的全过程预算绩效管理机制。二是完善预算绩效管理制度。加强预算绩效管理法律、法规建设，建立涵盖绩效目标、绩效监控、绩效评价、结果应用各环节的管理制度，完善预算单位决算报表、资产配置标准、部门项目支出标准等体系建设，健全绩效管理工作流程和操作细则，明确绩效管理工作职责和质量要求，规范预算绩效管理工作开展。三是推进预算绩效管理试点。强化绩效目标管理，加大绩效监控管理，加强绩效信息的采集和分析，推进绩效评价管理，完善评价结果应用管理，建立

完善绩效报告机制、反馈整改机制及与预算安排有机结合机制，推进绩效信息公开，逐步建立绩效问责机制。近期应将民生项目和具有较大经济社会影响的重大项目作为绩效评价的重点。四是强化预算绩效管理基础。加强绩效评价指标体系研究，进一步提高指标设置的科学性、合理性，加快预算绩效管理信息系统研究，健全专家库、中介库、指标库、标准库等各类数据库的建设，加大培训力度，提高综合素质。

（七）加快财政收支信息化系统建设

建立财政信息化建设，是建立规范有序的现代财政制度的客观要求，是全面深化财税体制改革、加强财税管理的重要技术保障。自2002年年初，中国决定将财政部规划建立的"政府财政管理信息系统"定名为"金财工程"以来，"金财工程"成为中国财政行业信息化建设的主要目标。"金财工程"是利用先进的信息网络技术，支撑预算管理、国库集中收付和财政经济景气预测等核心业务的政府财政综合管理信息系统。

但是，由于各方面的原因，财政内部、外部已经形成了若干个相互独立、各自封闭、各自为政的信息应用系统，存在信息化建设"碎片化"问题。各个掌握信息的主体，还是倾向于把信息控制在"孤岛状态"，谁都不愿意与其他部门分享，以求表现自己的"独特价值"。其实，只有信息共享才能做出科学合理的决策。要巩固和充分利用2018年全国不动产形成全面信息联网的工作成果，类似的所有基础信息应互联互通，形成公共事务科学设计政策、做出决策的信息支撑平台。必须打破所有部门单位的信息壁垒，形成更有效率、更多侧重绩效追求的政府统一调控管理局面。

首先要加快建立财政、国税、地税三家统一的财政收支系统，实现三家信息联网。其次，在此基础上，建立全国统一通用的个人、企业、政府、社会机构等社会经济主体的标准化唯一代码制度，各部门采集与其职责相关的与上述主体相对应的地、房、股、债、税等客体的基础性原始信息，建立本部门全国大集中、全覆盖的专业信息系统；进一步形成全国性、综合性多边法定信息互通共享平台，既互通信息,又有限度、受约束、可控制。

五、促进收入分配公平的体制机制与政策优化

(一) 基本问题:收入分配中的"两大关系"和"两个比重"

1. "两大关系":政府与市场、中央与地方

(1) 收入分配中政府与市场的关系。

第一,初次分配要充分尊重市场。初次分配主要属于微观分配行为,由市场决定其基本格局及其效率,有利于"解放生产力"的总体要求,但现实生活中的市场并非"纯粹"的市场,而是受到社会经济发展阶段与制度安排制约、政府干预调控等多重因素作用下的市场。初次分配的基础是"收入形成"所表示的生产要素收入分配。在社会生产某一个周期内,各大部门凭借其拥有的生产要素取得相应的收入。要素收入中,除政府管理要素(可视为生产税对应的要素)以外,企业作为微观主体向三大部门中的劳动要素付出多少劳动者报酬,留多少盈余(可视为对应于资本要素)给自己,起决定作用的是要素的价格。在整个社会生产中,劳动要素和资本要素之间的稀缺性对比、各要素的生产与再生产所需要的成本,都是要素价值的组成部分并进而影响供给价格。之所以说应由市场决定这一价格,是因为对要素的稀缺性与要素成本权衡的有效性(这反映为资源配置的优化)是市场权衡的结果,并非政府强力所能决定和控制。在市场机制发展的不同阶段,在要素存在事实的稀缺性差异和成本差异的情况下,不同国家、一个国家的不同发展阶段,出现不同的要素供给价格并反映到劳动报酬、营业盈余的不同比例结构上,是合理的。

但从社会伦理、政策偏好的取向上讲,要素价格是否能够充分体现要素的价值,是否完全排除了一种要素对另一种要素的价值挤占,这就超出了市场机制的作用范围。在初次分配中,尊重市场作用意味着在本应由市场做主的这种分配中,先不主观地加入过多的非市场干扰,以求实现"做大蛋糕"所必需的高活力、高效率。由

市场决定生产要素应该获得的收入回报（价格）有助于要素收入合理、真实反映要素应形成的配置状态，激发出各类要素的效率。在这里，政府最该做的首先是尊重市场、培育市场、营造良好的市场环境、理顺市场机制，以此来促进要素价格的合理化并将物质利益导向下的原始动力保持在足够高的水平上。

第二，初次分配中生产税的占比高低是政府与市场共同作用的结果。生产税占比高低决定了政府部门的初次分配收入。政府收取税费可以在特定角度上解释为政府向社会、公众提供管理服务的综合价格。初次分配中，生产税可视为政府管理的一部分价格。从表面上看，管理要素这部分收入是强制的，属于政府法定权力作用的结果，但事实上市场的综合作用与制约力也不容忽视。生产税中的增值税、营业税、消费税均属于间接税性质，其有两个特点：一是组织收入功能易于实现，只要有生产、交易，就会产生税收，国库收入功能可靠、稳定；二是可以转嫁，最终消费者（即指居民）要承担部分甚至全部税负。后一个特点决定了如果生产税过高，等于对住户部门形成了双重不利，既会导致初次分配环节政府占比较高、企业占比虚低实高、挤占住户部门收入占比，又会在过渡到收入使用环节后，加大住户部门消费的负担、降低消费意愿。然而，生产税又有其合理性。作为政府，在对收入有着既定要求而受经济发达程度等因素制约难以或不确认从后面的收入环节（包括所得收入和财产收入）可获得足够预期收入的情况下，最可能的选择就是征收生产税。对市场机制完善、经济发达的国家而言，即使有同样的收入需求，也有条件、并会尽量把弥补管理成本的环节从生产领域后置到收入再分配领域，减少生产环节的收入回报，从而把初次分配空间还给企业和居民，同时降低生产税对消费的不利影响。

第三，政府在再分配中要充分体现"抽肥补瘦"。在再分配中，必然由政府主导基本格局。一般来说，主导的过程是典型的"抽肥补瘦（所谓劫富济贫）"过程。再分配中所发生的，是单方面的无偿转移性收支。基于初次分配的结果，政府在收入再分配环节征税、收费，同时采取社会补助等方式向居民进行经常性转移；在政府主导的社会保障政策之下，住户部门向政府部门缴纳社会保险，企业部门要从初次分配所获总收入中向住户部门转移一定社会补助。因此，再分配环节的政府色彩浓重，包括向企业、个人征收多少税、向居民提供多少社会补助，以及居民的社会保险缴款水平和企业对居民的社会补助水平等,其依据都出自由政府制定的政策和由政府执行的法律。需要注意的是,再分配后,从住户部门来看,一般来说,所获得的可支配收入比例变化即使不太大,包含的转移收支规模也可能很大。例如,2007年中国住户部门再分配后收入占比比初次分配占比下降 0.4 个百分点,收入总规模的变化不大;而实际在资金流量表账户上,住户部门向政府方转移了收入税、社会保险缴款,其比重占到住户部门初次分配收入的 9.5%;同时收到了主要来自政府部门的转移性支出,比重占到住户部门初次分配收入的 9.9%。后面发生的正是政府主导下对住户部门与企业部门在结构角度上的"抽肥补瘦"过程(直白地说也可称为罗宾汉式逻辑的"劫富济贫"——西方社会往往把个人所得税、遗产税等直接税十分形象而并无贬义地比喻为"罗宾汉税种")。因此,两次分配结果的比较,不能简单地看数字的增减,而应关注其中此增彼减的特点。

再分配中,政府能够集中多少收入税,即"抽肥""劫富"的力度和空间有多大,既取决于税制设计,也取决于经济发展阶段、市场的客观状态。可以看到,无论是流量性质的企业经营所得、个人工作所得,还是存量性质的财产引出的收益所得,其作为税基而形成的税收收入,都具有典型"支付能力原则"的特点,即只对有纳税能力的人课征,而且税额的大小也取决于纳税能力。显然,即使是"劫富",其力度也会有边界,要受制于客观的经济发达程度等因素。政府的转移性支出中,社会补助是向最为贫困、最弱势群体的转移,反映政府"补瘦""济贫"的责任、意愿和能力。由于转移之后留下的是政府覆盖其运行成本的可支配收入,政府对这块可支配收入的预期和实际的运行效能,也会影响济贫的多寡。

(2)收入分配中中央与地方的关系。

在全局意义上,财政体制需要处理政府与企业分配关系,进而"三位一体"地处理好政府与企业、中央与地方、公权主体和公民(作为自然人的纳税人)三大基本经济关系。中国 1994 年的分税制改革之所以具有里程碑式的意义,就是它终于突破了以往不论"集权"还是"分权"都是按照企业行政隶属关系组织财政收入的体制症结,首先,在企业"向谁交"和"按照什么依据向谁交"的制度规范上,形成了所有企业不论大小、不分行政级别,在税法面前一律平等、一视同仁,"该交国税交国税，该交地方税交地方税"的真正公平竞争环境。其次，使中央与地方间告别了分成制下无休止的扯皮和包干制下"包而不干"，延续扯皮因素的"体制周期"，形成了政府对市场主体实行宏观"间接调控"的机制和中央与地方间按税种分配各自财力的比较规范、稳定的可持续体制安排。按税种划分收入，对于不同地区必然要求规范一律，但各地实际的税收丰度和公共产品供给成本又必然高低不一。收入与支出两者在政府间划分遵循不同原则，体制目标应是在财权与事权相顺应的基础上，力求使各级政府的财力与事权相匹配，于是中央、地方本级必然不可能各自收支均衡。由于各地收入差异必然存在，支出成本负担也大不相同，并且收入种类划分与支出责任划分遵循不同的原则，因而中央、地方政府各自的本级收支规模不相一致的情形必然出现。在这种情况下，有必要运用转移支付制度手段对财政资金余缺在政府间进行适当调节，这种转移支付有效运行的基本前提就是中央取得与其宏观调控功能相称的财力，进而去调节地区间的"横向不均衡"。因此，体制常态在分税制下必然是中央收大于支（在100%的蛋糕切分中，也就必然成为地方收小于支的同义语），又形成所谓的"纵向不均衡"。地方发展水平差异和财力差异的客观存在，在中国尤为突出，所以中央政府的一项重要责任，就是以合理方式"抽肥补瘦"，抑制地区间差距扩大——这种中央政府针对"横向不均衡"履行区域差异调节责任的物质前提，就是形成合理设计与实施的中央、地方间"纵向不均衡"的财力分配框架。因此，在各自本级的收支账上中央政府收大于支、地方政府（合计）支大于收的格局，必然成为分税分级财政体制下的常态格局。相应地，转移支付也将主要表现为"自上而下"的财力转移即"资金向下流动"格局。这是市场经济下分税制的通行逻辑，中国在1994年分税制改革后也不例外，并且这是分税制概念下中国必须进一步大力推进的重大制度建设，必须按"长效机制"要求来打造并加以动态优化。

转移支付按照形式不同可分为两类，一类是旨在平衡地方基本公共服务能力的转移支付，称为一般性转移支付（也称财力性转移支付）、无条件转移支付或均衡补助；另一类是实现国家某些特定宏观调控目标的转移支付，称为专项转移支付、或有条件转移支付，该类转移支付实行专款专用。

除规范的转移支付外，在中央与地方之间还存在另外两类财政资金的流动，即中央对地方的税收返还和地方对中央的上解收入,它们是1994年分税制改革为稳妥处理中央与地方利益关系而出现的一种具有过渡性质的"转移支付",包括1994年引入的"两税"(消费税、增值税)返还、2002年的所得税基数返还及2008年成品油价格和税费改革返还。其中的上解收入,已于2009年将其与税收返还进行对冲处理,此后不再存在;随时间推移,由地方所得的税收返还,对财政资金纵向流动的影响也越来越小。

2. "两个比重":政府视角上的有效制度供给不足

收入分配中提及的"两个比重"目标,是指合理形成居民收入在国民收入分配中的比重和劳动报酬在初次分配中的比重,包括财税体制在内的政府制度安排,需迎合市场的既有特点,以制度机制与政策的结合,促进国民收入分配的合理化。不得不承认,中国现行财税体制中存在直接或间接导致"两个比重"不尽合理的制度因素。

(1)税制结构中对间接税的国库收入功能依赖过重。

从两次分配情况来看,政府收入占比升高趋势主要表现在初次分配阶段。初次分配阶段政府部门收入自1994年至2007年提高了2.44个百分点,平均占比达到17.68%,其中生产税净额占比超过90%。进入再分配阶段,政府部门收入平均占比为19.75%,其中收入税只占其中的2.51%,对政府收入占比上升的影响很小。可以说,生产税份额高是造成中国国民收入分配格局中政府占比及趋势的一个原因,这和中国的税制结构有直接关系。

中国流转税的主体税种增值税、消费税、营业税占据了税收收入总量的多半。三类税的税基分别相当于:①工业增加值和商业的增加值;②汽车、成品油、烟、酒等特定商品的销售额或销售量;③交通运输业、建筑业、金融保险业、邮电通信业、文化体育业、娱乐业、服务业、转让无形资产和销售不动产等行业取得的营业收入。不难看出,这样的税基,恰合中国正处于产业转型、城镇化的发展阶段,导致政府收入分享了更多的产业转型、城镇化红利,表现为税收收入的高增长。

中国现行税制的架构是以1994年税制改革为基础的。当时改革的目的十分清楚，总原则是要适应市场经济体制，建立起统一、公平、简化的税收制度，创造满足市场经济主体发展需要的税收环境。同时，十分重视税收的组织收入功能。在《国务院批转国家税务总局工商税制改革实施方案的通知》（国发〔1993〕90号）中，对于改革的基本原则，首先就谈到"税制改革要有利于调动中央、地方两个积极性和加强中央的宏观调控能力。要调整税制结构，合理划分税种和确定税率，为实行分税制、理顺中央与地方的分配关系奠定基础；通过税制改革逐步提高税收收入占国民生产总值的比重，合理确定中央财政收入和地方财政收入的分配比例"。1992年，中国财政收入占GDP比重仅为12.9%，中央财政收入占全国财政收入的比重为28.1%，财政收入与经济增长比例失衡，国家财政特别是中央财政十分紧张，财力上无法满足整个社会经济发展对于政府正常履职的管理要求。因此，1994年税制改革从导向上看，确实十分看重税收的组织收入功能，并在当时征管条件等因素的限制下，在税制设计中选择了易于实现收入的间接税为主体，突出增值税、营业税的重要地位。事实证明，改革之后，在税制改革促进市场经济体制发展的同时，中国税收收入很快就开始了增长之旅。

但相对合理的税制是否还适应现今的社会经济发展形势呢？在不考虑税收总规模（其中涉及政府公共责任的界定和管理成本问题）的前提下，税收收入对于间接税过于倚重的弊端已经开始显现，它既导致国民收入分配领域政府占比的较高及其增长趋势，还造成收入使用环节对居民消费的抑制。

（2）国家与国有企业间分配关系长期向企业倾斜。

国家与国有企业分配关系影响的是政府、国企在分配、再分配中的利益配置和营业盈余的归属。针对现存问题理顺国家与国有企业的分配关系，在现阶段的突出意义，在于适当提高政府部门收入、降低企业部门收入，更重要的是规范市场秩序，避免过度垄断对于经济运行的干扰和对于非国有企业活力的压抑，以及遏制与过度垄断相关联的个人收入差距扩大。

国有企业在中国社会经济生活中具有特殊的地位。现行的国家与国有企业分配关系的基本框架是1994年税制改革奠定的。为了平衡和国有企业的利益关系，当时在推动所得税改革、取消执行各类包税政策时，相应制定了对国有企业的过渡性让利措施，规定"逐步建立国有资产投资收益按股分红、按资分利或税后利润上交的分配制度。作为过渡措施，近期可根据具体情况，对 1993 年以前注册的多数国有全资老企业实行税后利润不上交的办法，同时，微利企业交纳的所得税也不退库。"这一规定彰显了国家对国有企业改革的大力支持，暂时下放作为国有资产所有者对于企业利润的分配权利，把国有资本收益全部让利于企业。

此后，随着国有企业股份制改造的深入进行，在统一税制基础上，国家也曾经考虑过要将国企利润上收。1994 年税制改革后不久，财政部、国家国有资产管理局、中国人民银行联合颁发的《国有资产收益收缴管理办法》，受种种条件制约，并没有真正得到执行。国有企业税后利润留归自用的做法一直延续下来，直至 2007 年试行国有资本经营预算制度（中央本级）才有所改变。

国有资本经营预算是新的历史阶段推动国家与国有企业利益分配关系规范化、合理化的有利途径，但实施以来仍存在两个突出问题。

一是国有资本收益收缴力度过小。2009 年国有企业实现利润 1.3 万亿元，相当于当年全国税收收入的 22%、财政收入的 19%。中央企业（包括中央管理企业和部门所属企业）利润高达 9445.4 亿元。在国有企业获得巨大利益的同时，国有资本经营预算的收入收缴却十分"寒酸"。中央本级国有资本经营预算中，2007—2009 年，共收取中央企业国有资本收益 1572.2 亿元。也就是说，中央级国有企业利润收缴 3 年，集中到政府收入中的尚不足一年利润的 20%。

二是支出方向的偏离。国有资本经营预算从酝酿之日起，对其收支管理模式就存在争议，是否独立于公共财政预算是焦点问题之一。最终出台的《国务院关于试行国有资本经营预算的意见》（国发〔2007〕26 号）是一个折中的方案。对于国有资本经营预算支出是这样规定的："①资本性支出。根据产业发展规划、国有经济布局和结构调整、国有企业发展要求，以及国家战略、安全等需要，安排的资本性支出。②费用性支出。用于弥补国有企业改革成本等方面的费用性支出。③其他支出"。并补充"具体支出范围依据国家宏观经济政策以及不同时期国有企业改革和发展的任务，统筹安排确定。必要时，可部分用于社会保障等项支出。"这样的界定，等于把国有资本经营支出区别于其他政府公共支出，似乎国有资本收益只能用于国有经济的发展，形成了国有资本经营预算支出准封闭运行的倾向。国有企业国家所有，政府代表国家行使权利，利润由全体人民共享这样简明的逻辑在各种利益集团代言人的干扰下变得模糊起来。

对国民收入分配格局而言，国有企业留利巨大，国有资本经营预算支出准封闭运行，其不良影响是多方面的。政府调控中过宽地对企业让渡国有收益，不仅造成政府收入的减少，也带来收入结构的扭曲，影响提供公共服务的能力；居民无从分享或远不能充分分享国有资本收益，收入空间、消费空间受到挤压。

（3）政府对再分配的调节力度不够，制度建设有缺失。

政府"抽肥补瘦"的济贫，主要体现在再分配阶段的社会救济福利上。中国国民经济核算中，政府对居民的经常性转移有"社会保险福利""社会救助"和"其他"。按照国家统计局的解释，"社会保险福利"是对缴纳社会保险的个人支付；"其他"指的是政府对未纳入统筹的离退休费和医疗费的支付；"社会救助"是国家财政用于抚恤和社会福利支出。"社会救助"才是政府"补瘦"、济贫意义上的福利性支付。从资金流量核算上看，中国社会救助力度明显较小，即政府对于住户部门经常性转移规模偏低，直接影响再分配中居民收入占比的提高。从统计核算上看，中国政府社会救助主要是《中国统计年鉴》"中央和地方财政主要支出项目"表中的"国家财政用于抚恤和社会福利的支出"及"政策性补贴支出"中的"市镇居民的肉食价格补贴"两项。从比重看，仅占可支配总收入的0.4%左右，接近政府可支配收入的2%和住户部门可支配收入的1%，对于住户部门收入占比的调节虽方向正确，但力度还不大。

更具体的表现是，在财政社会保障类支出中，社会补助占比较低。一般来说，社会救（补）助制度是国家通过国民收入再分配，对因自然灾害或其他经济社会原因无法维持基本生活的公民给予物质帮助，以保障其基本生活的一种保障制度，是"最后一道社会安全网"。按照2007年以来的收支分类科目，社会补助包含在社会保障和就业类支出之中。2003—2008年，全国财政社会保障和就业支出年均增速超过20%，占全国财政支出比重达到11%左右，但经过再分配环节可以转化为住户部门可支配收入的社会补助的占比仍然很低。以2007年为例，当年社会救助绝对数为

1043亿元，占社会保障和就业类支出（5447亿元）的19%，占当年全国财政支出的（49781亿元）2%。这一国民经济核算数据背后的含义是，一方面社会补助的规模比较低；另一方面在社会保障和就业类支出中，现行统计口径之下更多资金是以政府消费的形式来体现，能够形成居民可支配收入的部分占比很低。但现实生活中，"政府消费"部分包含着支持提高社会成员（主要是低收入阶层）实际生活水平的财政支出，在适当提高政府收入占比的同时，能够有效保证政府新增财力流入这个领域，才是中国从发展中国家向发达国家靠近的应有表现，只是现有的资金流量表尚不能清楚提供相关的量化内容。政府"抽肥补瘦"能力关键在于依托法治化的制度框架，中国现存的突出问题包括不动产税、遗产和赠与税等制度建设缺失、个人所得税的设计存在明显欠缺，使政府可做、应做的遏制收入分配悬殊之事没有相应工具。

（4）财政预算管理上缺乏制约政府支出规模，特别是行政成本的配套制度设计。

政府支出责任边界不清，管理成本偏大，是政府在国民收入分配中占比上升的制度层原因之一。尽管财政收入多年持续大幅增长，各级政府仍然普遍面临较大的收支矛盾，除国民收入分配核算涵盖的税、费收入外，土地收入、举债收入（含天文数字的地方政府隐性负债）都成为满足政府不断扩大支出的工具，其中隐含的干扰市场秩序、财政风险等问题已经受到关注。这涉及更深层次的政府职能的规范、转变所需的制度建设与综合配套改革，并非一般财政管理力所能及的，但从财政预算管理制度方面，对于控制政府支出规模、约束政府支出责任的制度设计也存在欠缺。财政部门近些年来围绕公共财政体系建设已出台了很多改革措施，特别是通过支出结构优化、落实预算管理的完整性、加强基本公共支出管理、开展支出绩效评价等直接或间接约束了政府行为，促进政府职能转变，对政府非规范性获取收入起到了一定监督约束作用。但同时，对政府支出规模、支出责任的改革（即事权合理化改革）却进展有限。从1994年分税制管理体制改革以来，从中央到地方逢谈体制必然强调要推进事权、财权、财力的对应，事权的界定明晰化方面，近年已有重大进步，但事权划分的"一览表"和相关支出责任的"明细单"尚未形成足够大的覆盖面，与之相关的则是政府支出规模连年扩大，相应的制度制约还不到位。行政成本的居高不下，与"大部制""扁平化"等攻坚克难的配套改革事项尚不到位，也具有重要的关联。

（5）税制方面存在着不利于市场经济要素流动的阻滞因素。

市场机制的建设完善是优化国民收入分配格局、提高"两个比重"的基本机制构建问题，政府财税制度需与之呼应配合。目前税制中还存在着明显不利于市场机制运行的制度设计，一个突出的问题是增值税、营业税并行格局。

1994年税制改革后，对货物的生产、批发、零售和进口环节以及加工、修配环节普遍征收增值税。同时，由于种种原因，对劳务、转让无形资产或者销售不动产，按照营业额和规定的税率计算应纳税额。这样，形成了中国增值税、营业税并行的流转税体系。

"营改增"之前，这种并行格局引发的负面效应主要有如下几点。

一是营业税固有的重复征税矛盾，加大第三产业的税负不公平。重复征税是1994年前工商税制的痼疾，即只要产品发生不同企业间的流转，就会有税收产生，税收负担随流转环节增加而增加。因改革后对于劳务、转让无形资产和销售不动产继续保留营业税，按照营业额和规定的税率计算应纳税额，这样营业税的覆盖面下，重复征税现象仍然存在。如果把劳务、无形资产视为产品，营业税所包含的重复征税因素和过去的产品税是一致的。其弊端同样是造成税负不公平，遏制企业的分工细化。现代服务业的发展，整体趋势上同样是要求专业化的分工协作，企业业务之间分工越来越精细化。在劳务、无形资产交易的链条上，应税行为均为营业税税目时，只要企业向外扩散流转环节、继续分工、细化协作，就会发生重复征税。

二是增值税链条不完整，挤压生产型服务业的生存空间。增值税征税范围不到位，在第二产业反映为不鼓励生产企业的分工细化，而对第三产业而言，问题则在近年更为严重，大大挤压了生产型服务业的生存发展空间。如果各企业自行发展仓储、金融、运输等服务行业，可以避免营业税的重复征税，也可以规避营业税不能抵扣的缺陷，必然使其减少对社会性生产服务的需求，但却降低了社会性生产服务企业的发展空间和总体的专业化水平。

三是营业税无法抵扣，不利于服务贸易、服务产业的发展。中国在服务贸易发展中一个最突出的问题就是无法实现出口退税。第三产业实行营业税，在出口环节上无法按照增值税实现退税,降低了服务产品的国际价格竞争力,一定程度上阻滞了服务贸易,限制了国内服务产业向国外市场的扩展。近年来,随着中国服务产业新兴业态的迅速发展,信息传输、软件、咨询、文化等服务产业迫切需要国际市场空间的支持,服务贸易出口不能退税的矛盾更加突出。

总之,政府视角下有效制度供给不足问题与社会各方关注的"两个比重"在一个时期内表现的走低趋势的关联,是不可忽视的。但研究表明,"两个比重"尚未形成明显"过低"格局。参见专栏3-2。

专栏3-1 国民收入分配核算的重要常识

要了解收入分配,首先要了解收入分配核算的相关重要常识。国民收入分配的量化属于国民经济核算的范畴,涉及多个账户,数据十分复杂,传达出的是收入分配领域的主要比例和平衡关系,是国家制定各项规划、政策的重要依据,也是检验既往宏观经济政策科学性的标准之一。中国目前采用的是和国际接轨的《中国国民经济核算体系(2002)》标准,国家统计部门据此每年编制与发布主要账户指标。

国民收入分配分为初次分配和再分配

按照国民收入核算体系,收入分配分为两次。初次分配是指产品价值在企业生产经营与交换领域进行分配,各个相关要素主体获得源自生产经营活动的"原始收入";在此基础上,又通过非交易性的转移收支形成再分配,由此确定各个相关主体能够进入消费环节的可支配收入。初次分配、再分配的相关主体一般归总为三类:企业、政府、个人,在统计上表述为企业部门、政府部门和住户部门。此外,社会生活中还存在以慈善性民间公益活动形成的所谓"第三次分配",但并不纳入国民收入分配核算范围。

分配的总量是国民总收入而非国内生产总值

国民总收入(GNI)即是过去的国民生产总值(GNP)概念。联合国1993年对此的更改表明,现存的统计概念注重的侧重点有所不同,国内生产总值(GDP)与国民总收入概念的不同并非表现在覆盖范围上,而在于一项核算产出、一项核算收入,一项关注"常住生产者所从事的生产"、一项关注"常住生产要素所获得的收入"。

算式关系为：国民总收入＝国内生产总值＋得自国外的净要素收入＝国内生产总值＋（得自国外要素收入－对外支付要素收入）。

从中国实际统计中看，国外净要素收入（含资本要素收入和劳动要素收入）占国民总收入（无论初次还是二次）的比重并不大，可能是正，也可能是负，一般在千分之几的比率。从经济要素全球配置的意义上看，GNI和GDP之间的差异表明一国对外劳务净输出、对外净金融投资的情况，通常发展中国家GNI小于GDP。明确这一点对收入分配的意义在于，一是分配总量无疑应是国民总收入而非国内生产总值；二是分配内容上不仅要把增加值分配为要素收入形式进行三部门间的分配，而且还包括对财产收入的分配，后者是作为间接生产要素参与初次分配的；三是分配的归属有差别。GDP分配是一个生产概念，其归属按要素分类；GNI是收入概念，其分配归属要落实到三大部门，这也决定了GDP和GNI之间"你中有我，我中有你"的关系。GDP收入法按要素分配，分解为劳动报酬、生产税净额、折旧和营业盈余，GNI则按住户、政府、企业三大部门进行分配。

国民收入初次分配以"收入形成"为基础，同时增加"财产收入"

在国民总收入概念下，初次分配包括两部分，"收入形成"和"财产收入"。"收入形成"是立足于生产者的分配过程，是对国内生产总值的分配，把增加值分解为各项要素的投入回报（收入），并落实到各机构部门，这是国民收入分配的基础部分，也可称之为"要素分配"。"收入形成"决定了两次分配的基本格局。对某一部门来说，收入形成核算的起点是增加值，结果是营业盈余（混合收入），这是该部门初次分配收入的基础。三大部门"收入形成"的实质是对GDP收入法重新进行部门间的转移核算，按照各部门所拥有要素的情况相应分配要素收入。

初次分配至此并未结束，因为还有财产收入的分配。"财产收入"是指各经济单位或部门之间由于相互提供资金、资产等生产要素的使用权而产生的收入，这些收入必须是和生产相关的，包括利息、红利等。最终，初次分配收入的全核算流程为：企业部门的初次分配收入＝（部门增加值－支付本部门的劳动报酬－生产税净额）＋净财产收入；政府部门的初次分配收入＝（部门增加值－支付本部门的劳动报酬－支付的生产税净额＋来自其他部门的生产税净额）＋净财产收入；住户部门的初次分配收入=（部门增加值－支付的劳动报酬＋来自其他部门的劳动报酬－生产税净额）＋净财产收入。三大部门汇总后，劳动报酬、生产税净额、营业盈余的加总，即为国内生产总值，这正说明了国内生产总值法对国民收入初次分配核算的基础和核心地位。

再分配形成三大部门可支配总收入

各个机构部门以初次分配所获得的收入为基础，通过非交易性的转移收支形成再分配。分配的结果是形成各个机构部门可支配收入，通常这就是该部门用于当期消费和储蓄的总计支出数额。

专栏 3-2　劳动者薪酬是否偏低？

雇员薪酬（Compensation of Employees）是指雇员劳动者从事生产经营活动获得的全部报酬（包括各种形式的津贴收入）。在收入分配问题中，这属于初次分配的问题。中国尚处在转轨过渡经济时期，市场化体系尚不完备，因此，资本和劳动等生产要素的提供者是否得到了应得的收入份额，特别是雇员薪酬在初次收入分配中的比重究竟是高了还是低了，必然成为最值得关注和最易引起争议的问题之一。

课题组认为，雇员薪酬比重的演变过程存在着某种共性或自然规律，这种共性或自然规律是受多种社会、经济要素影响而形成的。处于不同经济体的国家和地区雇员薪酬的变动趋势，应当遵循大体相似的演变轨迹或发展规律，因此，中国可以参照这个发展规律，模拟出与中国现阶段社会经济发展状况相对应的雇员薪酬比重。

课题组在参考以往文献研究方法的基础上，以国内和国际统计资料为依据，原创性地提出了雇员薪酬占国民收入比重"期望值"（即动态演变中的特定合理水平）的分析思路。主要采用定量分析方法，选择相关重要指标，对雇员薪酬的影响要素进行国际国内实证数据的相关性分析，通过估算中国雇员薪酬的"期望值"，并与"实际值"进行比较，重点解释两个问题：一是中国雇员薪酬占国民收入的比重是否偏低，二是哪些因素会对雇员薪酬比重产生重大影响。

本研究的被解释变量是雇员薪酬比重（雇员薪酬占 GDP 的比重），6 个解释变量包括人均 GDP、经济开放度、城镇化水平、投资率、经济增长率、政府教育投入占

GDP比重。研究涵盖了18个国家，时间跨度为1980—2006年，共有132个观察值（见附录1）。我们运用EVIWS软件对3个方程（见附录2）分别进行回归分析，根据得到的回归方程的结果（见附录3），再将中国的相应数据分别代入计算中国雇员薪酬的"期望值"。为了提高计算结果的可靠性，降低估算偏差，我们把3个模型的计算结果加以平均，再将该平均值即雇员薪酬比重的"期望值"（见附录4）与我们根据收入法计算的数值即雇员薪酬比重的"实际值"（见附录5）进行比较，据此来判断中国雇员薪酬比重是否偏低。

基本结论

雇员薪酬比重的高低取决于多种社会经济要素

不同经济体的雇员薪酬比重不具有可比性，如果将中国雇员薪酬比重简单地与其他国家进行比较，其逻辑上是错误的，其比较出的结果，无论孰高孰低都没有意义。任何一个国家的雇员薪酬比重都是在特定的社会经济条件下形成的，它受到社会经济环境中多种要素的共同作用和影响，并且也会随着社会经济要素的变动而发生变化，所以它是动态的不是静止的。

从"实际值"来看，现阶段中国雇员薪酬比重低于大多数发达国家

我们根据收入法计算的中国雇员薪酬的"实际值"，在1999年之后处于下降的趋势，并且低于50%（见附录5），而一些发达国家（如美国、英国、德国、法国、加拿大和日本）的雇员薪酬比重都在50%以上。

从"期望值"来看，现阶段中国雇员薪酬比重不低。中国当前雇员薪酬比重的"实际值"高于"期望值"，实证结论不支持当前流行的中国雇员薪酬比重偏低的观点

我们根据模型估算的1992—2007年中国雇员薪酬比重的期望值处在35.12%~39.29%，16年中的期望值低于实际值平均9.34个百分点。即便从差异最小的2007年的数据来看，该年的期望值为35.17%，实际值为39.74%，期望值低于实际值达4.57个百分点（见图3-1和附录4）。但是，计算结果显示中国雇员薪酬比重"实际值"与"期望值"之间的差距有逐年缩小的趋势。

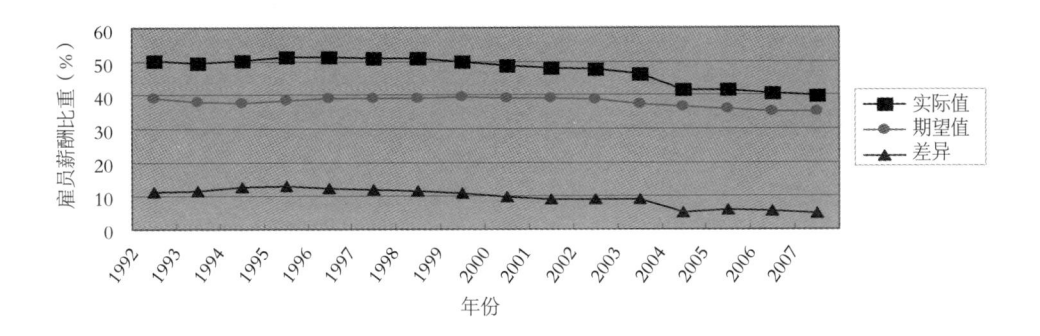

图3-1 中国雇员薪酬的"期望值""实际值"与差异

资料来源：课题组根据《国际统计年鉴》和世界银行数据库相关数据计算得出。

根据对18个国家的实证分析结果，雇员薪酬比重与人均GDP正向相关，与新增投资、经济开放度和经济增长负向相关

研究结论显示，政府教育投入占GDP比重在统计上不显著，另外五个估计参数在统计上显著。

第一，雇员薪酬比重与人均GDP正向相关。该结论说明雇员薪酬与一国的经济实力密切相关，经济能力强的国家雇员薪酬的水平也会越高（见图3-2）。因此，发展是硬道理，大力发展经济不断提升国力是提高雇员薪酬并将其占国民收入比重维持在较高水平的首要条件。

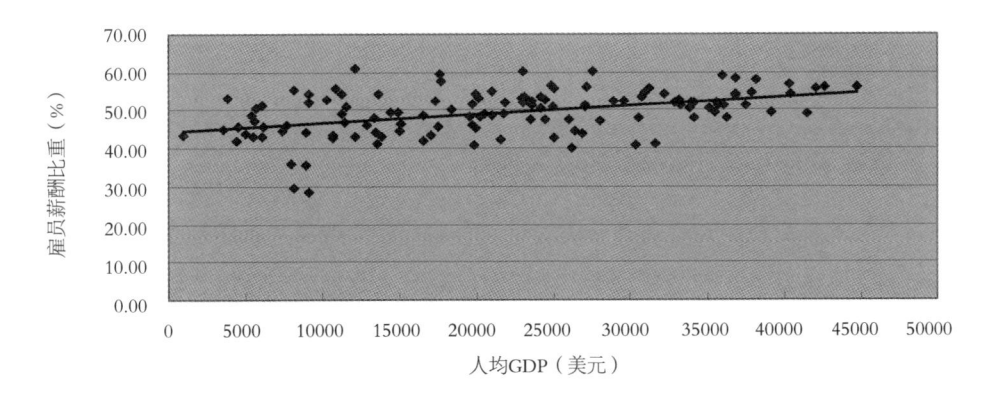

图3-2 18个国家雇员薪酬比重散点图及与人均GDP的线性关系（132个观察值）

资料来源：课题组根据《国际统计年鉴》和世界银行数据库计算得出。

第二，雇员薪酬比重与经济开放度负向相关。经济开放是否有利于雇员薪酬的提高，与生产要素的流动能力密切相关。资本的流动能力大于劳动力的流动能力，所以相对于资本而言，劳动力的获利能力较低，发展中国家情形尤甚（见附录6）。

第三，雇员薪酬比重与投资率负向相关。高的投资率不一定会相应带来高的雇员薪酬，原因在于新增投资产生的利润增长可能高于雇员报酬的增长（见附录6）。

第四，雇员薪酬比重与经济增长速度负向相关。高的经济增长率不一定会带来雇员薪酬的相应提高，过快的经济发展速度，有可能会导致对收入分配公平性的忽视（见附录6）。

（二）初次分配：造成收入差别的七因素

1. 努力和辛劳程度不同而形成的收入差别

源于诚实劳动中努力程度和辛劳程度不同而形成的收入差别。在传统体制平均主义"大锅饭"环境中，干好干坏一个样，是养"懒人"的机制，收入差异小，生产力得不到解放。改革开放之后，总体的"勤快"程度提高了，但"勤快人"和"懒人"的相对差异仍然存在，新的体制和机制使"懒人"和"勤快人"的收入差异明显扩大。这种以公正为前提，源自努力程度、辛劳程度不同而形成的收入差别，或者说作为收入差别中的一种重要构成因素，在社会生活中必然出现。

2. 禀赋和能力不同而形成的收入差别

源于个人禀赋和能力不同而形成的收入差别。社会成员间必然有禀赋和聪明才智方面的一定差异。在竞争环境下，先天禀赋和基于其他原因在后天综合发展起来的聪明才智，结合构成人们各不相同的能力、才干。客观存在的这种差异必然带来各人收入水平上的差异。一些特殊的、稀缺的能力与才干，如企业家才能、科技人员创新才能，比"努力程度"带来的差别往往要高出许多倍。只要权利、机会和竞争过程是公正的，这种在竞争中形成的高收入应无可厚非。

3. 要素占有状态和水平不同而形成的收入差别

源于要素占有的状态、水平不同而形成的收入差别。由于种种客观原因（如继承关系），每一个具体社会成员在资金、不动产、家族关联、社会人脉等方面（这些都可归于广义的"生产要素"范畴）必然是有所差异的，而由此带来的收入（如利息、房租，以及经营活动中的重要信息、正确指导与规劝等促成的收益）高低不同，也是客观存在的，并且有可能形成一定传承的"自我叠加"关系。权利、过程和规则是否公正，是我们判断这方面收入是否正当、合理的主要依据。

4. 机遇不同而形成的收入差别

源于机遇不同而形成的收入差别。比较典型的是市场态势变动不居，不同的人做同样的事，可以纯粹由于时点不同而结果大相径庭，甚至"好运"的好到一夜暴富，"坏运"的坏到血本无归。这里面机遇的因素也是不可否认的，在市场经济的某些场合，其作用还十分明显。权利、过程和规则的公正，也是这方面应掌握的关键所在。

5. "明规则"不合理因素而形成的收入差别

源于现行体制、制度某些不够合理的"明规则"因素而形成的收入差别。有些由体制造成的垄断因素和制度安排因素，在现实生活中可以强烈地影响社会成员的收入水平。比如，一般垄断行业职工的收入明显高于非垄断行业；又如，公职人员收入水平与组织安排的具体位置关系极大。这中间的规则即使是"对内一致"的，对社会其他群体也已有不少明显的"不公"问题，需要切实地重视和改进。

6. "潜规则"的存在而形成的收入差别

源于现行体制、制度中已实际形成而不被追究或暂时不被追究的"潜规则"而形成的收入差别。这大体相当于一般人们所说的"灰色收入"。它现实存在，透明度很低，往往在规范渠道之外，按"心照不宣"方式或"内部掌握"方式实施其分配。比如，公职人员相当大的一部分"工资外收入"，在没有"暗账翻明"而阳光化、规范化之前，很多可归于这种收入，其因不同条件、不同部门等，又往往差异很大。又如，国有企业在法规不明不细或监管松弛环境下，因怎样"打擦边球"不同而形成的职工收入分配水平差异，也可能十分显著。这些"潜规则"许多是明显不公正的，亟须整改。

7. 不法行为导致的收入差别

源于不法行为、腐败行为而形成的收入差别。这大体相当于人们所说的"黑色收入"，往往数额巨大，与违法偷逃税款、权钱交易、贿赂舞弊、走私贩毒等相连。这种因素形成的高收入，从起点、过程来看，已经毫无公正可言，不属公民权利，而且是构成犯罪的。

专栏3-3　初次收入分配调节需把握的基本认识

多个角度、不同层面的收入分配差异形成原因，在现实生活中的某一个具体案例之内，到底有多少因素介入，各起多大作用，都需要具体分析，不可一概而论。从政策原则和政策理性来说，首先应明确对应于各个收入源头的不同针对性政策导向与可选择措施。

对于勤劳致富、才能致富（前述第一、第二项原因），政策都应大力鼓励，或以鼓励为主加上再分配的适当微调。

对于要素占有和机遇不同（前述第三、第四项原因）而形成的收入差异，政策上应做适当调节，但不宜作抹平处理。否则开放条件下的要素外流将十分严重，市场经济中客观需要的首创、冒险精神也将受到极大抑制。

对于体制性明规则、潜规则不周全、不合理（前述第五、第六项原因）造成的收入差异，在明确需有所调节、抑制的同时，关键是以政策和制度建设推动深化改革、机制转变，追求制度合理化、规范化，再配之以必要的再分配调节。之所以如此，是因为光讲调节不注重制度建设，必然流于"法不责众"或"扬汤止沸"。

对于违法乱纪的"黑色收入"（前述第七项原因），必须坚决取缔、惩处，打击其行为，罚没其收入，并注重从源头上加强法律、制度建设以抑制违法乱纪、腐败行径的滋生土壤与条件。

对于由于特殊原因，如因残疾丧失劳动能力、遭遇天灾人祸、鳏寡孤独等，收入不能维持基本生活的社会成员，一定要以"应保尽保"的原则提供基本生活保障。

在上述政策思路和定位具备了正确的方向和针对性要领之后，再做出具体的政策设计，包括政策工具选择、政策组合和有效率的实施方式与程序等，以及不同阶段力度的把握，才可以落实政府在收入再分配中应具有的政策理性，正确地把握公正、平均、效率间的权衡，发挥好政策应有的功能，处理好短期利益和长远、整体利益的关系，追求全体人民根本利益的最大化。

（三）再分配：影响收入分配的问题

1. 财政分配"三元悖论"

根据贾康、苏京春给出的学术论证，在财政进行收入分配的过程中，存在"三元悖论"，即指任一特定时期，人们在减少税收、增加公共福利支出和控制政府债务及赤字水平这三个通常看来都"很有道理"的目标之中，只能同时实现其中两个，而不能同时实现，且未能达成的目标会同时制约其他两目标实现时的水平。财政分配的"三元悖论"制约是在一组限定条件下即既定的财政支出管理水平、政府行政成本水平和政府举债资金乘数效应之下的一般认识，且存在正负相关性：财政支出管理水平越高，行政成本水平越低，融资乘数越大，则越有利于减少税收、增加公共福利和控制债务及赤字水平。

专栏3-4　缓解财政分配"三元悖论"的路径

鉴于财政分配"三元悖论"的存在，加入对政府职能转型、机制创新、深化改革的思考角度，缓解财政分配"三元悖论"制约势必有如下要求。

第一，切实提高财政支出管理水平——"少花钱，多办事"。提高财政支出管理水平要求制度创新、管理创新、技术创新互动的全面改革，为真正实现"少花钱，多办事"，需分别从这三方面着手，并加强三方改革互动。一是制度方面应特别注重财政体制深化改革和以其为制度依托的资金绩效监督考评体系的建设。二是支出管理方面应继续推行科学化精细化管理，建立健全财政支出全程监控体系。相关的财政支出绩效评价可考虑引入平衡计分卡（表）等方法。三是相关技术方面应考虑，在"金财""金税"等政府"金"字号工程的基础上，继续全面推进和落实适用最先进信息处理技术的系统化工程及升级政府财务管理系统。在落实2002年提出的"十二金"工程的基础上，继续提升电子政务的先进性、安全性和综合性，提高信息获取、信息处理、信息传达的便捷性和准确性，将制度信息化、电子化并与绩效管理方法系统化融合落实，从而全面提升财政支出管理水平，"少花钱、多办事"、放松"三元悖论"制约。

第二，有效降低政府行政成本——"用好钱，办实事"。有效降低政府行政成本的关键是推进经济、行政、政治全方位配套改革，其重点内容包括：一是施行行政体制改革，在各级政府职能、事权（支出责任）合理化基础上精简机构和人员，提高人力资源质量，在提高政府工作效率的同时降低行政管理的机构、人员成本。二是继续落实预算信息公开制度，强化监督。预算、决算信息公开是公共财政的本质要求，也是政府信息公开的重要内容。向社会公布中央、地方政府"三公"经费等预算信息，表明了政府履行承诺、接受公众监督的决心，也为推动各级政府进一步公开各项行政经费、在公众监督下厉行节约、降低政府运行成本奠定了基础。三是进一步改革政府行政经费相关的管理制度。例如，推进公车改革，严格审批因公出国减少出境团组数和人数；严格控制公务出差、公务接待经费标准，严禁赠送礼品等。四是大力完善财政资金监督考评与问责体系，促使"纳税人的钱"每一分都花到实处，发挥出最大效益，从而能够将节省出的财政资金投入到民生最需要的方面。

第三，扩大政府举债资金融资乘数——"少借钱，多办事"。政府举债资金融资乘数是指政府举债变化所引起的政府实际融资总量变化的连锁反应程度；融资乘数越大，越有利于减少税收、增加公共福利和控制债务及赤字水平。提高政府国债或地方债的融资乘数必然要求一系列的管理和机制创新，特别是与政策性融资体系机制相关的全面配套改革，具体实施的关键点之一是要在财政、政策性金融机构、企业、商业银行和信用担保等机构之间，搭建一种风险共担机制（而非财政"无底洞式"的兜底机制）。在市场经济环境下，运用政策性资金、市场化运作、专业化管理机制，追求资金的"信贷式放大"即"四两拨千斤"地拉动社会资金、民间资本跟进，并提高资金使用效率。发掘这方面的潜力，在市场经济环境下具有可行性与必要性，有利于缓解财政"三元悖论"制约，"少借钱"而"多办事"，即以提高乘数效应力求更大规模地引导、调划社会资金，形成更可观的合力。

第四，实质转变政府职能类型——"扩财源，优事权"。我国在健全市场经济发展的进程中，政府职能的合理化调整势在必行，国家政治权力治理的实施方式将主要体现为社会公共事务管理，行政管制型政府要完成向公共服务型政府的转型。财政作为"以政控财，以财行政"的分配体系，必须服务于这一历史性转型并进行自身相应的转变，即健全公共财政。实质性地转变政府职能，要求政府体制、机构和社会管理多方面的改革，例如，政府体制方面，必须逐步清晰，合理界定从中央到地方各级政府的职能，由粗到细形成事权明细单，并在预算中建立和运用完整、透明、科学合理的现代政府收支分类体系，为履行政府职能提供基础性的管理条件；政府社会管理方面，应在继续建立和完善覆盖全民的基础教育、基本医疗卫生保障和基本住房保障制度等的基础上，强调政府向服务型转变；鼓励和引导建设各类面向市场、面向公益的非政府主体和中介组织机构，完善公私合作的种种机构和制度。公共工程、准公共产品供给方面的 PPP（公私合作伙伴关系）模式应是政府转变职能过程中特别值得重视与发展的模式，其中至少包含设计建造（DB），运营与维护（O&M），设计、建造、融资及经营（DBFO），建造、拥有、运营（BOO），建造、运营、移交（BOT），购买、建造及运营（BBO），建造、租赁、运营及移交（BLOT）等多种公私合同种类,并可随着我国市场经济体制的完善和经济社会发展形成更加广泛的应用和优化,从而促进民间主体和非政府财力为政府职能转变与优化注入新的活力和为公共福利水平提升打开新的财力来源与资源潜力空间,有效地缓解政府债务和赤字压力。

专栏3-5 十八届三中全会削减"三公"经费与收入分配

政府在压缩"三公"经费方面充分显示了雷厉风行的作风和令行禁止的成效,为深化改革释放出了更大空间。2012年12月4日,中共中央政治局召开会议,审议中央政治局关于改进工作作风、密切联系群众的"八项规定",规定中明确指出一系列压缩三公经费的具体做法"要轻车简从、减少陪同、简化接待,不张贴悬挂标语横幅,不安排群众迎送,不铺设迎宾地毯,不摆放花草,不安排宴请""要精简会议活动,切实改进会风,严格控制以中央名义召开的各类全国性会议和举行的重大活动,不开泛泛部署工作和提要求的会,未经中央批准一律不出席各类剪彩、奠基活动和庆祝会、纪念会、表彰会、博览会、研讨会及各类论坛;提高会议实效,开短会、讲短话、力戒空话、套话""要规范出访活动,从外交工作大局需要出发合理安排出访活动,严格控制出访随行人员,严格按照规定乘坐交通工具,一般不安排中资机构、华侨华人、留学生代表等到机场迎送""要厉行勤俭节约,严格遵守廉洁从政有关规定,严格执行住房、车辆配备等有关工作和生活待遇的规定"。为了给民生以更大保障,为了给经济发展腾出更多空间,党的"八项规定"切实减少了行政费用,缓解了全国的财政压力。将"跑冒滴漏"的钱堵住,积极整改各部门、各单位的不良行为,及时纠正各类违法违规行为,坚决守住扶贫、社保资金等"报名钱",进一步压缩一般性支出和"三公"经费,无疑表明了政府带头过"紧日子"的决心和信心。约束"政府这只手"对市场的过分干预,从政府机关首先着手进行改革,尤其是削减"三公"经费的具体措施,节约下来的资金用于对小微企业的个税补贴等领域,正是在将"改革是让人民过上好日子"的目标落在实处。

2. 转移性收入对再分配的影响

转移性收入是初次分配与再分配领域转联结的重要通道。理论上，转移性收入对收入分配的影响体现在宏观和微观两个方面。从宏观层面看，转移性收入在三大部门之间的流转直接影响各部门可支配收入的形成；从微观层面看，转移性收入影响社会各个收入阶层之间的收入对比关系，客观上起着均衡、协调不同收入水平，缩小收入差距的作用。

从宏观层面看，在中国三大部门实现国民收入再次分配的过程中，企业部门是收入净流出部门，政府部门是净流入部门，住户部门总体上是净流入部门。1992—2008年，中国政府部门和企业部门的可支配收入比重呈现增长趋势，住户部门则出现下降趋势。其中，企业部门增幅约10%，政府部门增幅超过1%，住户部门降幅超过11%。从2009年开始，上述格局发生了改变，政府部门增大了对住户部门的转移支付力度，政府部门对住户部门的转移性支出连续两年超过了住户部门的"收入税"和"社会保险缴款"项目的支出，政府部门相对于住户部门而言，成为净流出部门。

对统计数据的分项目分析比较表明，政府部门经常转移收入的较快增长源于"收入税""社会保险缴款"的大幅度增加，而经常转移支出的增长则源于"社会保险付款"和"其他经常转移支出"的增加。即一方面，政府通过增加对企业部门和住户部门征缴所得税集聚了资金；另一方面，这些资金中的大部分又通过社会保险及转移支付等方式分配给住户部门（企业部门数额很小）。这"一取一予"中，主要是贯彻了收入再分配的原则和意向。

住户部门的经常转移来源和运用都出现增长，但经常转移运用的增幅远大于来源。分项目比较表明，住户部门经常转移收入的增长较慢，主要是由于在来源项目中，只有"社会保险福利"出现了一定幅度的增加，另外两项"社会补助""其他经常转移"负增长或不增长，与此形成鲜明对比的是住户部门经常转移支出的大幅度增长，"收入税"和"社会保险缴款"项目同时为增长提供了动力。

企业部门经常转移收入仅包括"其他经常转移"一项，较为稳定，经常转移支出的大幅度下降主要是由于"其他经常转移"项目下降造成的，包括未纳入统筹的单位支付的离退休费和医疗费、常住者和保险赔款，这些项目的支出对象基本是住户部门，因此，其下降表明企业部门对住户部门的转移支付逐步降低。

从微观层面看，近年来，财政部门通过实施家电汽车下乡及家电、汽车以旧换新政策，对全国城乡低保对象、农村五保户等8600多万名困难群众发放一次性生活补贴，重点增加城乡低保对象等低收入者收入等财政补贴手段，对低收入群体进行各种补贴，客观上增加了低收入群体的收入水平，在一定程度上有助于缩小不同收入群体的收入差距。

综上所述，经过国民收入再分配后，住户部门的支出大幅度增加，而这主要是由伴随政府政策手段为主的"抽肥补瘦"的福利分配实现的，一定程度上抑制了社会成员生活境况的"两极分化"。

3. 财产因素对再分配的影响

改革开放以来，中国居民拥有财产总规模快速增长，已跃居全球第三位，在此过程中，财产分布差距正日趋扩大，财产因素对收入分配格局的影响日益显著。

（1）对企业、政府、住户部门财产收入的综合考察。

住户部门是财产收入最大的净流入部门，企业部门是财产收入最大的净流出部门，除极个别年份，政府通常也是财产收入的净流出部门，如表3-5所示。住户部门获得的财产收入净额总体呈增长态势，2006年以后增长加快，2008年达到7418.9亿元，是1998年的两倍多。住户部门获得的财产收入净额以利息收入为主，平均占86.3%，其次是红利收入，平均占8.4%，如图3-3所示。形成这种结构的原因，一是中国住户部门金融资产以银行存款为主；二是中国企业分红比例较低，以上市公司为例，2001—2010年的10年间，流通股股东获得股息率平均仅为0.907%，低于境外市场平均2%的股息率水平。企业获取红利的增速低于支付红利的增速，企业部门在2005年已成为红利净流入部门，如图3-4所示。

政府部门所涉及的财产收入运用和来源情况，绝大多数都与利息收入有关，净流出的形式主要是利息支付，2008年利息净支出规模高达1275.1亿元，如表3-6所示。

表3-5 1998—2008年国内各部门财产收入净额情况

单位：亿元

	1998年	1999年	2000年	2001年	2002年	2003年	2004年	2005年	2006年	2007年	2008年
住户部门	3576.74	3021.12	3088.18	3266.83	3387.7	3272.6	2541.6	3468.1	5399.5	6862.0	7418.9
非金融企业	-4718.03	-4092.51	-4299.89	-4197.05	-4167	-3744.1	-2225.8	-2376.5	-3842.4	-3885.3	-5180.9
政府部门	-471.48	-526.59	-215.24	-281.54	-351.5	-645.5	-697.8	-250.4	-75.4	319	-1253.7
金融机构	243.48	140.88	286.96	-330.24	-82.3	455.3	37.4	-94.5	-3842.4	-1672.3	754.6
国内部门	-1369.03	-1457.1	-1139.99	-1542	-1213.1	-661.6	-343.6	746.6	1049.7	1623.4	1738.8

资料来源：根据《中国统计年鉴》历年各期的资金流量表（实物交易部分）计算。

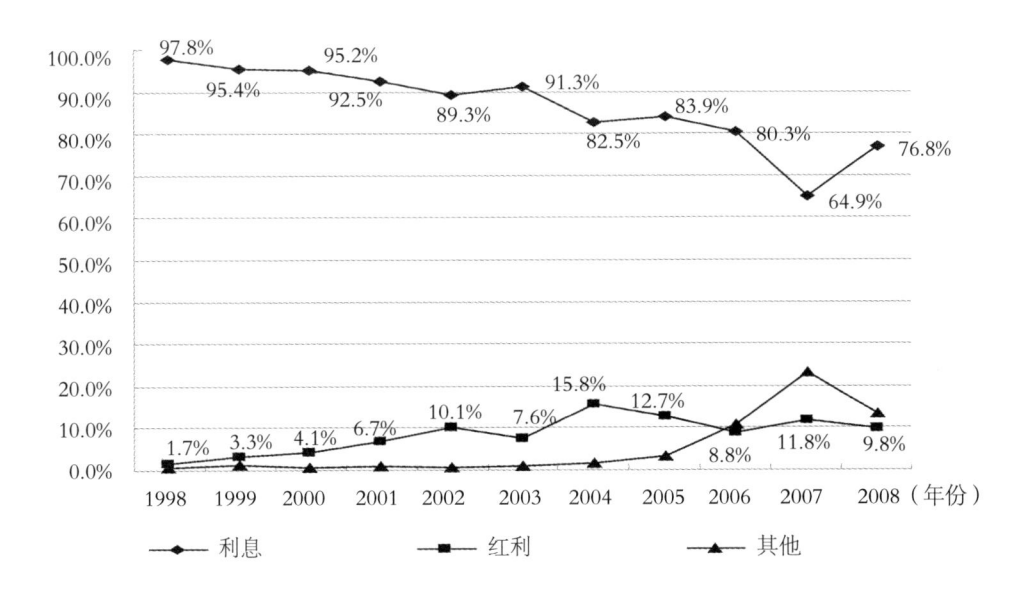

图3-3 1998—2008年中国住户部门财产收入构成情况

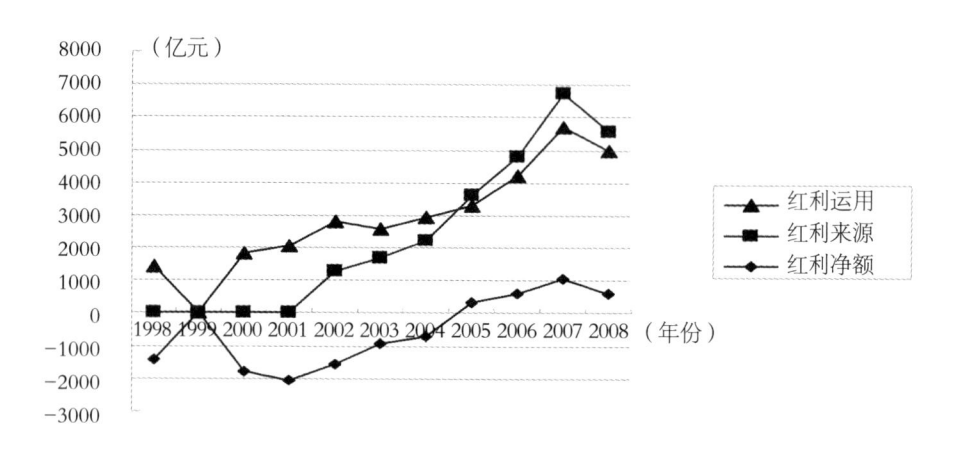

图3-4 1998—2008年中国非金融企业部门红利运用与来源情况

表3-6 1998—2008年政府部门财产收入净额构成情况

单位：亿元

	1998年	1999年	2000年	2001年	2002年	2003年	2004年	2005年	2006年	2007年	2008年
财产收入净额	-471.5	-526.59	-215.24	-281.54	-351.5	-645.5	-697.8	-250.4	-75.4	319	-1253.7
利息	-471.5	-526.59	-215.24	-281.54	-351.5	-645.5	-697.8	-250.4	-79.1	316.5	-1275.1
红利		0	0	0	0	0	0	0	0	0	18.2
土地租金		0	0	0	0	0	0	0	3.8	2.5	3.2
其他		0	0	0	0	0	0	0	0	0	0

资料来源：《中国统计年鉴》历年各期的资金流量表（实物交易部分）。

（2）对居民财产分布和财产性收入的专门考察。

从存量视角来看，中国财产规模高速增长，分布差距扩大[①]。

[①] 研究一国居民财产状况，最理想的是采用家庭资产负债表提供的数据，其次是调查数据，再次是估算数据。由于中国目前没有家庭资产负债表的统计数据，主要采用调查数据和估算数据。目前，中国对居民财产的调查数据中，较为全面和具有代表性的是中国社会科学院经济研究所收入分配课题组分别于1988年、1995年、2002年展开三次全国范围住户调查所提供的数据。2010年，瑞信研究院在中国社科院2002年数据的基础上，采用计量经济学技术对中国2000—2010年的财产分布数据进行了估算，并在其网站公布了有关具体数据，估算数据的准确性虽有待考证，但它提供了一系列连续和全面的相关数据，并提供了国际比较数据，从现实情况出发，可将其作为研究中国居民财产分布状况的一种选择。

第一，财产总规模和人均规模快速增加，但人均水平与发达国家差距很大。2000年，中国人均财产规模5672美元，2010年上升为17126美元，年均增长率约为18.4%。经过多年高速积累，中国居民财产总值已达16.5万亿美元，成为全球第三大财产来源地，仅次于美国（54.6万亿美元）及日本（21万亿美元）。目前，中国仍属于中低收入国家，放在全球视野里比较，中国人均财产规模与发达国家存在很大差距，与美国的差距是12.8倍，与日本的差距是10.8倍。与一些新兴市场经济国家也存在差距。

第二，财产分布的基尼系数在国际比较中处于较低水平，但趋势不断扩大。统计规律表明，各国财产分布的基尼系数一般在0.6~0.8，而可支配收入的基尼系数一般在0.3~0.5。近年来，中国居民财产分布的基尼系数明显升高，2002年中国居民财产分布的基尼系数为0.550，2010年上升到0.690。以国际水平来衡量，中国居民财产分布不平等的程度低于英美等发达国家和"金砖五国"的其他四国，但已高于日本和德国，如表3-7所示。

表3-7 2010年中国居民财产分布的差距及国际比较

	成年人拥有财产的平均数/美元	财产在成年人中的分组分布/%				基尼系数
		低于1000	1000~10000	10000~100000	高于100000	
中国	17126	6.8	59.6	31.8	1.8	0.690
美国	236213	3.5	23.8	36.5	36.2	0.809
日本	201387	0.0	6.2	42.7	51.1	0.607
德国	164561	13.1	14.6	30.4	41.9	0.684
英国	229940	0.3	12.2	40.9	46.6	0.717
印度	4910	42.8	50.1	6.6	0.4	0.778
巴西	25270	21.0	41.1	34.1	3.7	0.796
俄罗斯	10408	24.0	51.4	23.5	1.1	0.706
南非	24080	24.1	42.7	29.6	3.6	0.816
全球	43784	25.1	43.3	23.5	8.1	0.881

资料来源：Credit Suisse Research Institute, 2010: Global Wealth Databook。

从流量视角来看，财产性收入比例低，差距扩大。

第一，初次分配总收入中财产收入平均不足5%。从住户部门初次分配总收入的构成来看，1998—2008年，财产收入所占比例平均为4.7%，如图3-5所示。

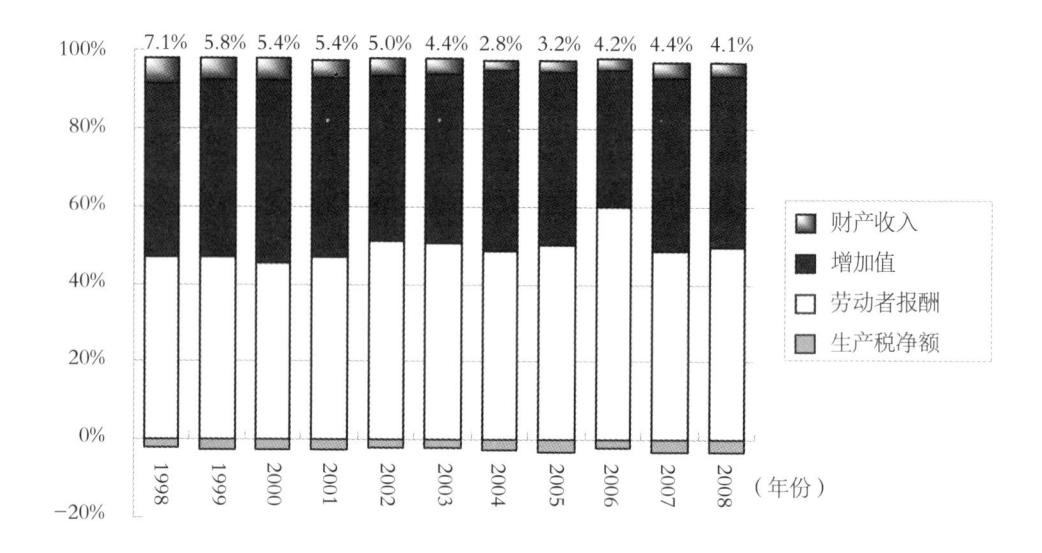

图3-5 1998—2008年住户部门初次分配总收入构成情况

第二，城乡人均年收入中财产性收入都不足3%，城乡居民之间的财产性收入差距明显扩大。从人均年收入的构成情况来看，无论是城镇居民，还是对农村居民，财产性收入所占全部年收入的份额一般都没有超过3%。以2009年为例，如图3-6、图3-7所示。

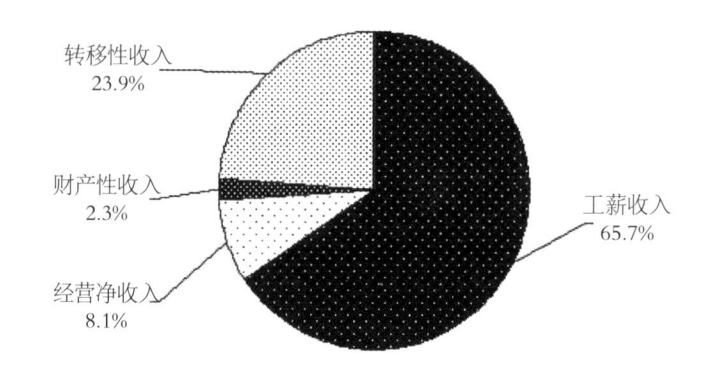

图3-6 城镇居民人均年收入情况

转移性收入 6.8%
财产性收入 2.3%
工资性收入 29.0%
家族经营收入 61.9%

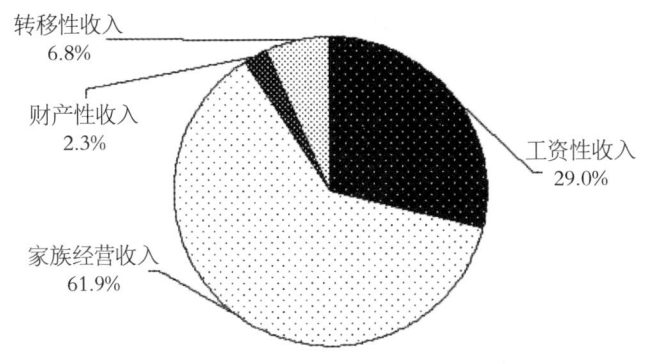

图3-7 农村居民人均年收入构成情况

1990年，城乡居民人均财产性收入之比为0.44∶1，2002年则攀升至2.85∶1。1990—2000年，正是金融市场迅速成长时期，也是城镇住房制度改革的推进时期，这些新生市场推动了城镇居民财产性收入的显著上升，而农民则相对缺乏有关金融投资和房产投资的市场机会和专业知识，在取得财产性收入方面处于弱势。近年来，随着新农村建设等，城乡财产性收入的差距出现缩小的趋势，2009年下降到2.58∶1，但仍存在很大差距，如表3-8所示。

表3-8 城乡居民人均年收入构成情况

年 份	1990	1995	2000	2007	2008	2009
城镇平均每人全部年收入/元	1516.21	4279.02	6295.91	14908.61	17067.78	18858.09
工薪收入/元	1149.7	3390.21	4480.5	10234.76	11298.96	12382.11
经营净收入/元	22.5	72.62	246.24	940.72	1453.57	1528.68
财产性收入/元	15.6	90.43	128.38	348.53	387.02	431.84
转移性收入/元	328.41	725.76	1440.78	3384.6	3928.23	4515.45
可支配收入/元	1510.16	4282.95	6279.98	13785.81	15780.76	17174.65
农村平均每人全部年收入/元	990.38	2337.87	3146.21	5791.12	6700.69	7115.57
工资性收入/元	138.8	353.7	702.3	1596.22	1853.73	2061.25
家庭经营收入/元	815.79	1877.42	2251.28	3776.7	4302.08	4404.01
财产性收入/元	35.79	40.98	45.04	128.22	148.08	167.2
转移性收入/元		65.77	147.59	289.97	396.79	483.12
城镇与农村财产性收入之比	0.44∶1	2.21∶1	2.85∶1	2.72∶1	2.61∶1	2.58∶1

资料来源：《中国统计年鉴》历年各期。

（3）重视中国居民财产分布和财产性收入的两大突出问题。

中国居民财产分布和财产性收入变迁的上述特征基本符合新兴市场经济国家的共同规律，居民走向共同富裕之路还存在很大的发展空间。当前，需要高度重视两大突出问题。

一是财产分布总体状态未脱"发展中"特征，财产性收入比例低。财产及财产性收入对于居民和家庭具有重要意义，"有恒产者有恒心"。增加居民财产和财产性收入有利于提高居民的消费和投资能力，有利于支撑国家经济发展和社会进步。

二是中产阶层薄弱，城乡居民财产差距呈显著扩大趋势、房产差距突出。财产分配及与之伴随的收入分配往往具有一种"马太效应"，容易导致富者越富，穷者越穷，财产分布不均等造成的差距还可以代际相传，加剧收入分配的不平等。收入分配的差距与财产分布的差距又互为因果，如影随形，且很容易形成所谓"正反馈"而不断自我加剧。对中国财产分布差距在短期内迅速扩大的现象应保持警惕，并制定适宜的因应措施和前瞻对策。

4. 基本公共服务对再分配的影响

中国公共产品供给问题是公共财政体系建设和发展的核心问题，也成为平抑社会成员实际收入差距，提升社会幸福感的关键举措。公共产品的供给问题在分配流程中表现为"取之于民、用之于民"的安排问题。

（1）"取之于民"的规模问题。

宏观税负是衡量一国政府为提供公共产品和服务所占用资源大小时的常用指标，一国宏观税负水平高低受许多因素影响，如国情、经济发展阶段、政府执政理念及政治体制等因素的影响。

中国 2003 年人均 GDP 超 1000 美元，2008 年超 3000 美元，2010 年人均 GDP 在 4500 美元左右。按当年价格计算，中国目前发展阶段与欧美主要发达国家 20 世纪 60 年代初到 70 年代末相类似。按照可比口径计算，中国政府收入应包括扣除国有土地使用权出让收入之后的四个预算收入之和。我们选取该时期 OECD 国家的政府收入和支出占 GDP 的比重与中国 2008—2010 年情况进行对比，具体情况如表

3-9所示。从中可以看出,中国目前宏观税负水平与同发展阶段的日本接近,不但低于其他主要六国,也低于OECD国家均值,考虑到中国城市化水平低于同阶段其他各国,因此我们认为,中国宏观税负水平不高,基本与经济发展阶段相适应。

表3-9 中国与OECD国家发展阶段类似时期政府收入占GDP比重

国别（1）	发展阶段类似时期		政府收入占 GDP 比重/%	
	时间段（2）	人均GDP/美元（3）	1960—1973年（4）	1974—1979年（5）
美国	1960—1970年	2881—4998	27.6	29.7
日本	1966—1976年	1058—5036	20	24.6
德国	1970—1974年	2687—5456	37.6	44
法国	1960—1973年	1320—4918	37.7	40.8
意大利	1963—1978年	1126—5406	30.2	33.5
英国	1960—1977年	1381—4566	34.8	39
加拿大	1960—1972年	2294—5049	31	36.9
主要七国平均			29.5	32.6
OECD国家均值			29.6	33.4
中国	2003—2010年	1000—4500	24.7（2008年）	25.4（2009年）

资料来源:（1）3列OECD国家数据取自其官网,中国数据根据统计年鉴计算得到;（2）4、5列OECD国家数据取自"OECD historical statistics 1999"中表6.5和表6.6,中国数据取自《中国财政收入规模及国际比较》(财政部网站);（3）4、5列中国数据中括号内数字为年度。

（2）"取之于民"的方式问题。

在现代政府收入制度体系中,税收、规费、公权收入及债务是政府收入四种形式,其中税收又以其收入规模大、无偿、强制和非一一对应等特点而成为各国最重要的收入形式。在目前中国四类方式中,税收收入占公共预算收入的比重在90%左右,占全口径政府收入[①]的比重在70%左右。因此以税收为重点,即可分析中国"取之于民"的政府收入来源结构。2006—2010年,中国各类税收收入占全部税收收入的比重情况如图3-8所示。

---

① 即上文中与国际可比的收入。

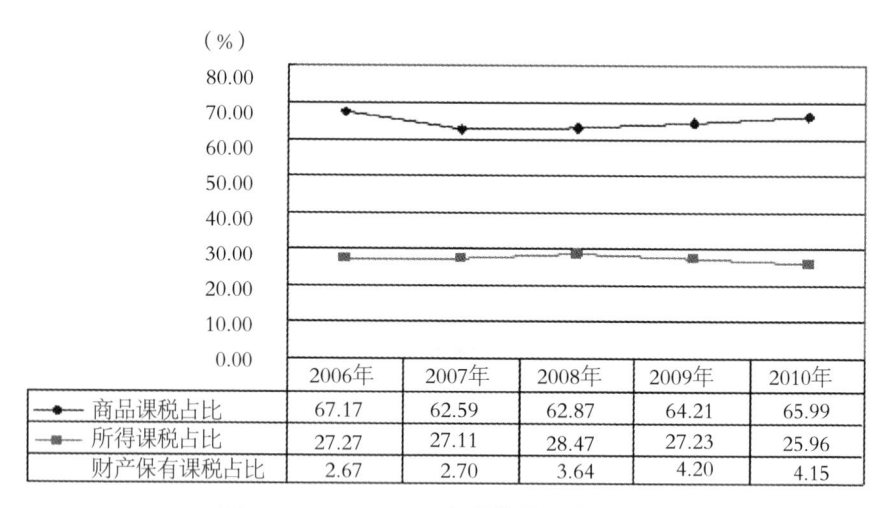

	2006年	2007年	2008年	2009年	2010年
商品课税占比	67.17	62.59	62.87	64.21	65.99
所得课税占比	27.27	27.11	28.47	27.23	25.96
财产保有课税占比	2.67	2.70	3.64	4.20	4.15

图3-8 2006—2010年税收收入占比结构

中国商品类课税占有绝对主导地位，2006—2010年商品流转课税占全部税收收入的比重均在60%以上。从趋势上看，商品流转税收入占比呈下降态势。同期，所得类税收收入占比不足30%，其中具有公平分配效应的个人所得税收入占全部税收收入的比重不足10%，所得税类收入占全部税收收入的比重有下降趋势。2006—2010年财产保有环节的税收不足5%，在税收收入体系中微不足道，但呈上升态势。从增量来看，财产保有类税收收入增速最大，5年平均增长率为34.37%；其次是商品流转类税收收入，年均增长率为19.81%；增速最低者为所得类税收收入，年均增长率为18.87%。

（3）"用之于民"的规模问题。

在"用之于民"的各项支出中，通过考察"民生支出"现状和发展趋势，据以评判中国公共财政"用之于民"的情况。2007年，中国进行了政府收支分类改革，考虑数据的可比性，我们对2007—2010年一般公共预算中的教育、文化体育娱乐、医疗卫生、社会保障和就业、城乡社区事务以及社会性保障住房支出[①]（以下简称基本民生支出）规模及增速情况进行分析。

[①] 此处基本民生支出与财政部公布基本民生支出口径有差异，主要表现在城乡社区事务支出，后者不包括此项支出。本文包括此项的目的是与国际对比。通常国际上将财政支出分为三类：法律秩序和行政管理支出、经济和环境服务支出及社会服务支出，其中社会服务支出与国内讨论的基本民生支出口径接近，为保证数据可比性，本文将社城乡社区事务支出作为基本民生支出。

2007年以来,中国基本民生支出占全部财政支出的比重呈稳步上升态势,占比从2007年的37.57%上升至2010年的40.61%。从各项基本民生支出占全部财政支出的比重来看,也呈现出类似的增长的态势,除教育和社会保障和就业支出占比微降外,其他支出均呈稳步上升趋势,尤以医疗卫生支出占比增幅最大,从2007年的4%上升至2010年的5.3%。实际上,公共财政中,用于教育支出的资金分为两部分,一部分为公共财政中教育支出,另一部分来自预算外支出,如2008年预算外教育支出规模为2325.98亿元,占预算内教育经费开支的25.81%。对于社会保障和就业支出而言,随着中国社会保险金收支制度的完善,民众享受的社会保障福利得到巨大改善。1999—2009年,就业支出从4.12亿元增加至511.31,年均增长率高达61.95%,城市居民最低生活保障支出从17.95亿元增加至517.85亿元,年均增长率达39.96%,远高于财政总支出20.56%的年均增长率[①]。

2007—2010年,财政总支出年增长率为21.63%,基本民生事项总支出增长率达24.79%,高于前者3个百分点,尤其是医疗卫生支出,从2007年的1990亿元增加至2010年的4745亿元,年均增长率达33.6%,高出财政总支出增长率近9个百分点,中国基本民生事项支出增速高于全国财政总支出。

在国际比较上,我们以经济发展阶段为标准,考察美国、英国和德国20世纪类似支出占全部支出的比重变化情况。中国2010年全部基本民生支出占财政总支出的比重为40.61%,高于美国1962年的水平(33.13%),略低于1970年的水平(42.72%)。从前文分析中可知,1960—1970年,恰为美国人均GDP在3000—5000美元时期,即与中国目前发展阶段接近时期;与欧洲高福利国家相比,中国目前基本民生支出与英国1929年相当(39.75%),略高于德国1913年的水平。值得一提的是,如果将中国社会保障"五项基金"中社会保障支出纳入民生支出,中国基本民生支出将大幅增加。2009年,基本民生支出占总支出(公共预算支出+五项基金支出)的比重为44.39%,与英国1955年水平相当。如加上与民生关系密切的其他支出,中国财政"民生支出"部分应占70%或更高一些的比重。当然,也需承认在

---

① 本节绝对规模数字取自《中国财政年鉴》和《2009年全国财政支出决算表》(财政部网站),增长率由计算得到。

中国压缩"行政成本"的空间也还较大,除财政加强预算管理、绩效约束外,还需通过配套改革(包括行政、政治体制的改革)形成有利于降低行政运行成本的制度条件。

5. 国有企业经营对再分配的影响

国有企业是国民经济的重要支柱,长期以来一直被赋予贯彻发展战略和增进社会公平的重要职能作用。但在体制转轨过程中,由于相关制度不健全和政策调控不力,尤其是垄断领域改革滞缓及对垄断国企规制不到位,又使国有企业成为近一时期被高度关注的收入分配失衡领域,如垄断国企高管薪酬过高、员工工资福利过高、国企利润分配上的"内部沉淀"与"闭式循环"等问题,社会对此争议颇多。当前和今后一个时期,须加快改革步伐,调整相关政策,优化制度设计,将国企充分导入促进社会公平分配的轨道。

(1)实际生活中所有制性质是影响职工收入的重要因素。

尽管国有经济规模和比重与社会收入分配差距在实证数据分析中并不表现为某种必然的关联,但现阶段的一个基本事实却是私营与非私营单位职工工资差距明显,所有制性质成为影响职工收入的重要因素。仅就平均水平来看,2010年国有单位在岗职工年平均工资39471元,而同期城镇私营单位就业人员的年平均工资为20759元,前者是后者的1.8倍,差距十分明显。

就同行业的工资水平来看,非私营单位和私营单位的差距更为悬殊。以金融业为例,非私营单位2010年在岗职工年平均工资达到80772元,而私营单位为30513元,前者是后者的2.6倍;在公共管理和社会组织领域,非私营单位年平均工资为39329元,私营单位2010年职工年平均工资为8900元,前者为后者的4.4倍;只有在年平均工资水平较低的农林牧渔业收入差距最小,如图3-9所示。

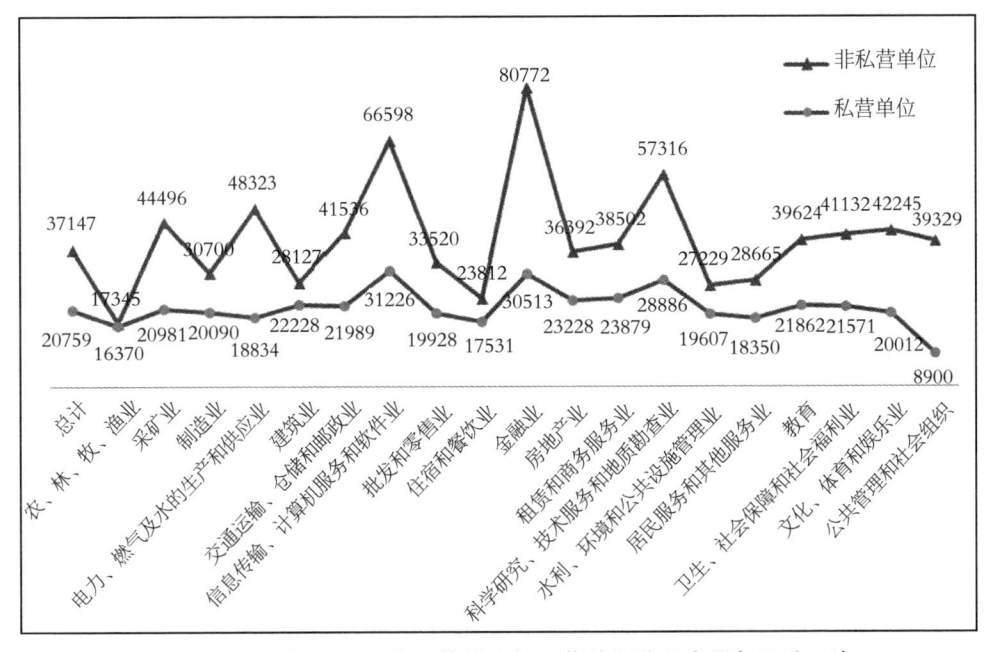

图3-9 2010年分行业非私营单位与私营单位就业人员年平均工资

数据来源：国家统计局《2010年城镇非私营单位在岗职工年平均工资主要情况》和《2010年城镇私营单位在岗职工年平均工资主要情况》。

结构性因素是造成收入差距的一个重要方面。私营和非私营单位工资差距较大，其中一个重要原因是结构性因素造成的。这主要是因为在私营企业中，中小企业占绝大多数，其平均工资水平会比较低。而国企改制之后，剩下来的都是账面经营效益比较好的大企业，数量少，盈利能力较强，其平均工资水平就相对较高，并且增长也相对稳定。

部分国企薪资福利水平过高，拉大了收入差距，加重了社会分配失衡。在当前薪资水平与企业业绩挂钩的制度下，资源性、垄断性国企员工与其他国企和非国企员工的薪资、福利水平有明显高出，而现实情况是这些普遍高出的收益并非可以完全归功于企业微观管理运行的高效率。因而，一段时期中，一方面国有企业内部高管与普通员工薪资水平、国民人均收入水平仍然差异悬殊；另一方面国有企业与同行业同领域非国有企业员工收入差距拉大，加剧了本就日益明显的贫富差距，成为社会分配失衡中的敏感问题。在近年对国企高管的限薪,虽在某种程度上可缓解这一问题,但其实作用仍然有限,涉及的主要是最上层的少数人,并且未对"组织部门委派"的和"企业家市场竞争产生"的两类高管加以区别,产生了新的扭曲问题。

垄断行业的不合理高收入问题对中国收入分配差距扩大化趋势起了强化作用。2006年7月11日,由国资委统计评价局编制的一份统计年报显示,石油石化、通信、煤炭、交通运输、电力等12家企业员工工资达到全国平均工资水平的3~4倍。人均人工成本中位值在6万元~7万元。而该年度全国职工的平均工资,东部地区是2.24万元,中部地区1.5万元不到。国家统计局数据显示,电力、电信、金融、保险、水电气供应、烟草等行业职工的平均工资是其他行业的2~3倍,如果再加上工资外收入和职工福利待遇上的差异,实际收入差距可能在5~10倍。根据测算,垄断行业职工人均年收入达12.85万元,是当年全国在岗职工年平均工资18364元的7倍。2008年收入最高的5个工业行业及国有企业比重如表3-10所示。

表3-10 2008年收入最高的5个工业行业及国有企业比重

序号	行业	国有企业总产值与行业总产值之比/%	职工平均工资/元
1	烟草制品业	99.33	62442
2	石油和天然气开采业	96.11	46763
3	电力、热力的生产和供应业	91.62	42627
4	石油加工、炼焦及核燃料	72.39	35612
5	黑色金属冶炼及压延加工业	41.54	34559

资料来源:《中国统计年鉴2009》(国家统计局,2009)。

(2)现行国企利润分配制度加大了收入分配失衡。

近年来,国有企业业绩不断提升,收入增长迅猛,财务指标体现的国有企业经营效益的大幅提升。但不容忽视的是,现阶段国企盈余的积累与大量的非市场因素相关。高效益在一定程度上并非缘于运行的高效率,而是依靠资源和制度上的政策优势。首先,某些国企收益积累很大程度上与有关资源要素价格改革不充分、税费制度不健全因素相关。其次,一些国有经济占比较高的行业,如金融、保险、石油、石化、电信、民航、烟草,享受了投资、信贷、税收等诸多方面的国家优惠政策。最后,某些垄断行业终端价格改革不到位,由于准入的行政限制,市场竞争不充分,终端产品和服务价格不按边际成本定价,形成了高额垄断利润。

国有企业利润留存过多,会进一步加剧社会财富分布的不均衡,也会有损于市场效率的提升。在非市场化不合理因素的作用下,国有企业收入连年大幅增长不仅带来国民收入分配格局中企业部门收入的上涨趋势,而且,这种上涨与尚未消除的过度垄断因素及资产收益上交制度缺位因素相关的部分,是以扭曲各要素市场供给价格和收入分配合理化框架为代价的,导致对政府部门、住户部门收入的挤占。

随着近年国有资本经营预算的推进和大型国企资产收益上缴制度的推行,上述情况有所好转,但仍存在着两个突出问题,影响着收入分配状况的有效改善。

一是国有资本收益收缴力度过小,上交基数和比例过低。2009年国企实现利润1.3万亿元,中央企业利润高达9445.4亿元。中央级国有资本经营预算中,2007—2009年共收取中央企业国有资本收益1572.2亿元。中央级国企利润收缴三年集中到政府收入中的尚不足一年利润的20%。2010年全国国有企业实现盈利19870.6亿元,同比增长37.9%,其中化工、电力、有色、交通等行业利润增长更是超过1倍,根据5%~10%的利润上交比例,2010年中央国有资本经营收入预算数440亿元,决算数为577.58亿元。整体看,2009年国有企业利润上缴比例仅约6%,2010年该比例降至2.9%。对比来看,目前上市公司向股东分红的平均比例在40%左右。在其他一些国家,国有企业上交的红利一般为盈利的1/3~2/3,有的甚至高达盈利的80%~90%。

二是支出方向的偏离,国企上缴的红利目前主要在央企体系内部转移,尚没有明显体现惠及民众的意义。国有资本经营预算支出主要包括用于根据产业发展规划、国有经济布局和结构调整、国家战略、安全等需要而安排的资本性支出,以及用于弥补国有企业(以下简称为国企)改革成本等方面的费用性支出。范围上相当于把国有资本经营支出严格分界于其他政府公共支出,形成了国有资本经营预算支出准封闭运行的倾向。除上交比例过低,国企红利"内部沉淀""体内循环"的现状也颇受争议。以国有资本红利为主要来源的国有资本经营预算体系，主要定位于调整国有资本在不同行业与企业之间的配置状况，尚未注重公共福利。数据显示，2008—2009年国有资本经营预算支出1553亿元，主要用在产业结构调整、技术创新、重组补助等方面。2007—2008年国企红利调入公共财政预算，用于社会保障等民生的支出只不过10亿元。图3-10显示了中国近年来国有资本经营预算的支出安排结构。

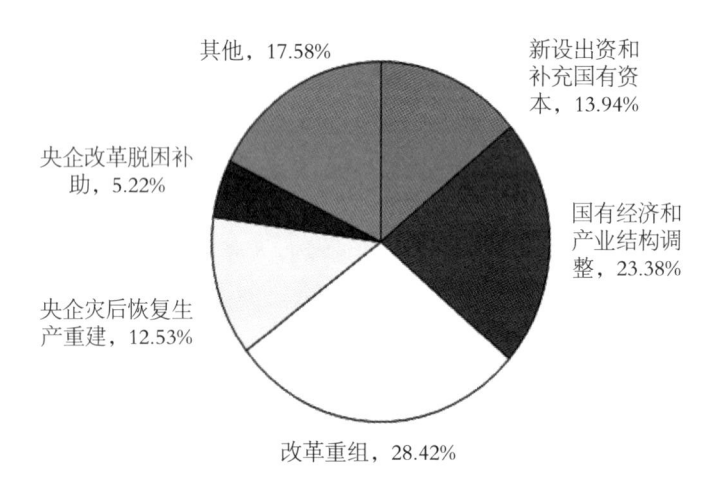

图3-10　2008—2011年国有资本经营预算支出安排结构

- 其他，17.58%
- 新设出资和补充国有资本，13.94%
- 央企改革脱困补助，5.22%
- 国有经济和产业结构调整，23.38%
- 央企灾后恢复生产重建，12.53%
- 改革重组，28.42%

总体来看，国有企业特别是垄断性央企在收入分配方面，并不像以往认为的那样促进了公平、缩小了差距，而是事实上在收入分配领域尚未很好地扮演正面角色。

改善国民收入分配格局，离不开调整和完善国有企业相关制度和政策，要综合推进三项改革：一是改革国有企业利润分配，提高国有企业分红比例，扩大红利上交范围，国有资本经营预算收入要更大比例调入公共预算，统筹用于民生支出，进入国民收入分配体系的"大循环"，体现全民共享；二是加大垄断行业改革，尽最大可能减少垄断对分配格局的扭曲；三是推进工资制度的改革与完善，按照"按劳分配、同工同酬"的原则，加大工资改革力度，加强对垄断行业的薪资管控，实施工资总额预算管理；四是进行综合财税配套改革。

专栏 3-6　怎样看待"国富优先""国富民穷"?

国内关于收入分配、改善民生的一种颇有影响的认识,是强调中国需要由"国富优先"转为"民富优先",与之相关的分析可给我们一些启发,其总体思维取向是与中央提高居民收入、劳动者收入的方针一致的,但这个表述存在"无的放矢"的问题,因为中国改革开放 40 多年来的总体发展中,并不存在"国富优先"的方针、模式或系统化的导向。20 世纪 80 年代起,从中央到地方就反复强调"党的改革开放政策就是富民政策",并在现实生活中得到了广泛的印证和认同;邓小平非常精辟、明确地指出了"允许一部分人、一部分地区先富起来,最终实现共同富裕"的发展思路,把实现人民富裕和共同富裕看作社会主义的本质特征。在经"先富共富"路径实现"民富"的过程中,"国富"也绝不是与之简单对立的因素,而是两方互为因果、相辅相成的关系。国是民之国,民是国之本,综合国力的提升,既要体现为民富,也要体现为国富,只是不同阶段有不同的演化特征。1995 年之前,中国在侧重"减税让利""放水养鱼"的阶段上,多种因素综合作用的结果是国家财政收入占 GDP 比重一路下滑,名义指标在 1995 年触底时仅为 10.3%,相对应的是企业、居民占比一路走高;在 1995 年之后,得到 1994 年财税配套改革提供的制度支撑力,财政收入/GDP 比重开始逐步回升,现已回升为名义指标 22% 左右,全部政府收入口径的占比,据测算则在 33% 左右,已与改革开放初期相近。同期,社会保障和转移支付的再分配得到加强和优化,其财力分配的表现,就是政府所取份额中有相当一部分又用于扶助社会弱势群体,增加了低端收入人群的收入。有的学者只看后半段即 1995 年之后的数字,强调从 1995 年到 2010 年,中国政府财税收入 15 年里翻了 10 倍,而城镇居民人均可支配收入只增长了 2.2 倍。这就很有必要指出:除了他的数据处理中有失误,夸大了两者差距之外,关键是拿来做两相对比的时期选择明显不当,只选了整个大"V"形演变的右边一段。如果我们把 1978—2010 年的数据做全面的对比,就可知中国人均财政收入实际增长 8.83 倍,而同期城镇居民人均可支配收入实际增长了 8.65 倍,两者增速大致相当。因此,从实证数据看,不能认为中国近年形成了所谓"国富民穷"的基本格局。至于提高政府收支透明度、降低行政成本,提高公共资金绩效,都是十分必要的,也是要在配套改革中渐进实现的,但不能把透明度不够高、行政成本不够低等问题,简单归结到"国富民穷"概念上。

(四)促进收入公平分配的机制创新与政策优化

综前所述,可认为中国现阶段各方瞩目的收入分配方面的不良问题,其关键点并不在于雇员薪酬比重、政府收入规模(宏观税负)、国有经济比重等带有总量特征的指标出现了什么严重问题,而在于收入分配的结构存在较为显著的不合理,差距扩大,公正性不足,转移支付和直接税的再分配优化机制构建不到位、作用发挥不够,以及对财产性收入的影响缺乏有效的引导与约束,国企的资产收益对于公共福利贡献较弱等。基于此,从政府与财政的职能定位出发,考虑全局的可持续发展和社会和谐,中国政府在调节收入分配方面的相关责任可表述为"维护公正,兼顾均平,引导高端、壮大中端、托底低端"。具体而言,应考虑从以下几方面采取相应措施。

1. 针对体制机制全局的对策建议

(1)注重发展与效率,扩大规模优化结构。

继续注重发展与效率、采取措施保持经济较高速增长,现阶段尤其要注重经济增长的"新常态"。经济增长是社会财富积累的基础,社会财富积累是整个收入分配的前提。中国应当通过产业结构升级继续维持经济平稳增长,把社会财富的"蛋糕"做大,才是提高三部门在收入分配中的效率以及更好地实现再分配的水平。在保持经济持续发展之中,应当继续支持广大居民积累财产,扩大社会财富规模,培育中等收入阶层和"中产阶级",从而逐步形成有利于社会和谐稳定发展的"橄榄形"社会结构。在把"蛋糕"做大的前提下,政府要通过加大公共支出、构建和完善社会保障制度等方式,努力发展和实现基本公共服务的"均等化",对其应该保证的(即最低限度的)公共供给,必须要托好底,并适时抬高"底线"的量值,给所有社会成员提供基本的发展起点。

尤其在中等收入阶段经济发展进程中,应在福利赶超方面,通过优化收入再分配，积极支持居民由积累储蓄型资本向扩大财产型资本的方向转变，扩大社会财富规模，并以此作为推动社会中坚力量产生的源动力。多方机构对发达国家社会收入结构的研究表明，大多数社会收入结构都呈现"橄榄形"，即高端收入人群和低端收入人群都在两端占据很小的比例，而社会中端收入人群占据绝对的大比例，是社会收入差距较为理想的一种社会收入结构。然而，中国现阶段社会收入结构仍呈现"金字塔形"，即低端收入人群占据绝大部分比例，中端收入人群正在逐步增加（有研究者认为已达3亿人左右），但是在近14亿人中还不是其零头，仍然占据较小比例，高端收入人群绝对数明显增加，但占比仍很低。为实现"金字塔形"社会收入结构向"橄榄形"转变，应当顺应经济发展，逐步地适当提高城乡居民收入在国民收入分配中的比重和劳动报酬在初次分配中的比重，并通过财政的收入再分配功能大力改进民生，为居民解决后顾之忧，促进中等收入阶层成长壮大；抑制资本市场泡沫，支持居民资本由储蓄型向投资型转变，并引导居民收入更多地投入实体、科技和国家产业结构升级换代所导向的产业中去，扩大财产性资本和社会财富规模，培育和发展社会公益与慈善机制，通过调整社会收入结构缩小收入分配差距。

（2）加强民主法制建设，维护公平与正义。

加强法治，整顿吏治，积极克服制度缺陷，大力遏制非法收入暗流。以非法收入为基础形成的高端收入人群是社会的毒瘤，在任何时候都应打击、遏制。不法之徒之所以能够得逞，主要是利用了行贿受贿、贪污腐败、法律缺陷、制度漏洞、管理落后、惩戒措施难以落实等可利用手段和条件。因此，有必要从法律、制度、管理、治安等方面加强防范，更多地依靠制度建设和制度创新，从源头抑制非正常收入的暗流、浊流，反腐反贪，整顿吏治，加强司法公正，减少公权扭曲和公权机关不作为，严厉打击非法暴富活动和其背后的黑恶势力。

（3）加快深化体制改革，积极转变政府职能。

加快"省直管县"和"乡财乡用县管"的财政体制改革，减少财政层级，从根本上解决基层财政困难，按照"一级政权、一级事权、一级财权、一级税基、一级预算、一级产权、一级举债权"①的原则建立健全多级财政，切实帮助基层财政大力改进民生。全面落实综合配套改革，协调中等收入阶段经济赶超与福利赶超，通过试点探索可行性路径并推向全国。注重转变政府职能，稳步提高社会性支出的比重，加快计划向市场转轨的进程，规避政府"缺位"和"越位"。加快经济以市场资源配置为基础、福利以大力改进民生为内容的改革步伐。

（4）建立健全市场机制，加快推进国企改革。

自1992年具有中国特色社会主义市场经济体制建立以来，中国经济体制一直处于转轨阶段，市场机制很不完善。近年来，已从国有企业数量、行业领域和产业结构方面逐步进行了改革，但是如上文所述，国家与企业、企业与职工的分配关系仍然存在企业留利过多、税制不尽合理、企业内部职工收入差距过大等诸多问题。由于国有企业大都具有规模巨大、行业垄断的特点，应当考虑：一方面，引导国有企业建立收入分配调控制度和收入激励机制，注重管理企业职工工资总额，有意识地限制国有企业职工工资过快上涨，尤其是电力、石油、冶金等大型垄断能源供给型国有企业，应当注重在生产经营和收入分配中不断加强税收的调节作用；另一方面，推进国有资本经营预算与公共预算相结合，提高国有企业分红比例，扩大税利债费上缴范围，充分发挥财政收入再分配的作用，统筹用于民生支出。

2. 针对初次分配的政策建议

（1）重视公共教育体系，提高劳动者收入。

现代文明的经济发展无不与脑力劳动紧密结合，目前全球经济发展的阶段中，脑力劳动的收入增长高于体力劳动是不争的事实，因此，教育成为体力劳动者获得较高收入的重要一环。要充分重视公共教育体系的建设，为农村青少年、进城务工人员子女提供与城镇青少年逐渐趋同的教育资源，促使他们掌握更多知识，获得更好的就业机会，从而把握住知识改变命运的机会，增加人力资本的积累，不断提高收入水平，形成低收入阶层向中高收入阶层的顺畅转化机制。为此，需要在公共教

---

① 贾康、白景明，县乡财政解困与财政体制创新，财税与会计，2002年第5期，第9-13页。

育财政开支中适当统筹，不断扩大义务教育的开支水平，培育"尊重知识、知识就是财富"的社会观念，这也是提高国民素质和经济效率的应有之策。

（2）控制房地产泡沫，规范房地产市场发展。

要积极通过"房地产调控"的系统化、制度化措施，适当降低居民财产中房地产的过高占比，引导房地产市场规范发展，既要在城镇化过程中满足"住有所居"的大量住房需求，又要避免泡沫的出现甚至恶化，实现房地产市场的结构调整。与此同时，将居民收入的积累部分更多引导至实业创造、科技创新、国家产业结构升级换代的投入中。

（3）鼓励科技创新，优化财富积累模式。

中国财富积累和聚集的领域多集中在房地产业和金融业，主要是依靠虚拟经济积累起来的，对实体经济产生的积极影响和对经济发展产生的带动作用并不大，而欧美等发达国家和地区的财富积累和聚集往往是依靠科技创新的专利转化带动实体经济的迅速扩张来实现的，不仅能够影响本国和其他国家的实体经济，而且还能够通过技术创新的产品化使全球更多的人共同分享人类社会发展的成果，并在此过程中一方面实现对全球经济社会的推动，另一方面实现自身品牌价值等的全面提升。因此，为保持经济活力，中国政府也应当继续鼓励技术进步和科技创新，通过设立创业投资引导基金、产业发展基金、积极发挥PPP模式等科学的、合理的、有效的手段来推动科技创新，优化财富积累模式。

（4）消除资本增长不良机制，维护市场公平运转。

近年来，金融市场聚集财富和创造财富的功能逐渐显现，随着中国多级、多元资本市场的逐步建立和健全，越来越多的企业所有者通过企业上市等途径聚集高额资产，尽管这一过程属于资本市场的价格机制发挥正常作用范畴，但是不得不承认，在目前市场机制尤其是新兴金融资本市场机制存在着亟待完善和加强的环节。一是应逐步改革企业上市的审批制，让市场对企业价值进行自然选择，降低发行市盈率，从而在证券一级市场上对企业进行合理定价，防止出现估值泡沫；二是对股票市场的投资行为进行规范，打击市场操纵和利用内幕信息获利等非法行为，维护市场的公平运转，保护大多数投资者的利益。

3. 针对再分配的政策建议

（1）完善社会保障制度，推进基本公共服务。

根据"托好底端"的要求，中等收入阶段在改进民生中优化再分配的第一条建议是完善社会保障制度，实现社会保障制度全覆盖，完善底端福利体系；在此基础上，注重提高底端的量值，在实现社会保障制度全覆盖的过程中，积极推进基本公共服务"均等化"。在"托好底端"的过程中需要注意两个问题。第一，完善社会保障制度的目标在于实现社会保障制度全覆盖，但水平是稳步提高而不是民粹赶超。中等收入阶段福利赶超的基本思路是由社会保障逐步向社会福利发展，而中国社会保障制度尚不健全，尤其表现在广大农村原有养老保险、医疗保险水平很低，而以新型农村合作医疗制度为先锋的现代农村社会保障体系尚未完全建立健全，除此之外，农村还面临劳动力由务农农民向农民工转型过程中涉及的失业保险和工伤保险等社会保障问题。加之中国现阶段城乡发展不平衡，城乡人力资源综合素质及水平也相当不均衡，对于医疗保障和基础教育等社保方面是一个硬性制约，需要稳步提升。第二，稳步提高福利水平的有效途径是推进基本公共服务"均等化"，但要注意科学贯彻、合理细化。这一点中最值得注意的问题是基本公共服务的水平衡量问题。基本公共服务的内容大致包括由养老保障、社会救助、就业保障等组成的基本保障性服务，由公共教育、公共卫生、公共文化等组成的公共事业型服务，由公共设施、生态创建、环境保护及治理等组成的公益基础性服务，由国防安全、生产安全、消费安全、社会治安等组成的公共安全性服务，这些内容对于区域经济发展不平衡的地域而言基本一致，但是基本公共服务的水平要与经济发展水平相适应。因此，必将在地域经济发展水平不一致的基础上，引发基本公共服务水平的不均衡现象。由基本公共服务"均等化"的内容体系可以看出，它是中国由社会保障向社会福利迈进的过渡内容，因此，在贯彻过程中应首先保证社会保障的全覆盖。在此基础上，首先建立均等的基本公共服务体系，通过收入再分配推动不发达地区基本公共服务体系的建设，并达到全国基本公共服务均等化；其次，在该地域经济发展基础上，注重稳步推进、全面开展基本公共服务以外的其他服务，通过经济赶超的继续落实、经济基础的全面提升来实现社会公共服务的水平。

（2）积极推进税制改革，强化税收再分配功能。

积极稳步推进税制改革。逐步降低间接税比重提升直接税比重，优化、强化税收的再分配功能。调整消费税的征收范围、原则和方法，既维护居民的正常消费权利，又对奢侈品消费有效地调控。继续推进个人所得税走向"综合与分类相结合"的改革，维护社会成员的基本公平，减轻低收入群体的纳税负担，有效支持改善收入分配机制安排。以个人所得税等税收杠杆调节高收入阶层的收入，并在适当的时候开征不动产税、遗产税、赠与税。以规范的税收杠杆调节个人收入，这是对待高收入阶层的一种基本政策。中国的税收制度改革也是由间接税为主，逐步向以个人所得税等为代表的直接税过渡。当前存在的一个问题是个人所得税流失较严重，特别是收入水平最高端的社会成员，个人所得税流失非常严重。主要原因包括富豪阶层往往把个人收入混入生产经营的管理费用，个人收入数据不真实、不全面、不及时、不透明，居民纳税意识不强，税收征管水平低等。在大力加强个人所得税征管工作方面，现阶段的重点首先要放在高收入群体方面，并积极研究、准备推出物业税(房地产税，或称不动产税)和遗产税、赠与税等，使高收入阶层的收入和财富真正得到必要的再分配调节。

专栏3-7 怎样看待房地产税在收入分配中的作用？

中国的税制结构里直接税比重偏低成为突出的问题。由于中国现在间接税比重很高，在全部税收中占比近70%（网上有人愤愤不平的"馒头税"，就是消费品里以间接税形式所含的税负），其带有累退性质，即越是低收入阶层，实际的税收痛苦程度越高，因为低收入阶层的恩格尔系数高，其收入100%的盘子里可能要有60%~80%比重要用于满足生存需要的基本消费品支出，而不得不承受其中所含的间接税负担。高收入阶层的恩格尔系数低得多，全部支出中购买得更多的属于其发展资料、享受资料，实际的税收负担痛苦程度就要少很多。与市场经济的国际经验相比照，还会发现宏观调控方面的弱点：从美国为代表的调控模式看，最明显的"自动稳定器"是联邦政府手里占整个收入盘子40%以上的个人所得税——因为有超额累进的税率设计，在经济高涨的时候，自动地使很多社会成员税负往上跳到更高的边际税率上，进而使经济降温，而在经济萧条的时候，则自动落档，落到比较低的边际税率上，进而使经济升温，于是成为一个很好的宏观经济运行反周期自动稳定器。然而，中国现在超额累进税率只是在工薪等劳动收入范围里有其设计，对于其他的个人所得，基本就是比例税率，2011年个税改革之后，工薪收入者的纳税面由原先的28%收缩为不足7%，2018年新一轮税改后，1.4亿人以上规模的个税纳税人一下收缩为6000余万人的较小规模。

中国地方税体系不成型。1994年的财税改革建立了与市场经济配套的分税制为基础的分级财政框架，具有历史功绩。但是走到现在，针对基层困难、土地财政等问题，对分税制的抨击不绝于耳，许多人把"板子"打在分税制上面，是打错了地方。实际上我们省以下体制的状况是迟迟未能进入分税制状态，它还是五花八门、复杂易变、讨价还价色彩非常浓重的分成制或包干制。为什么在省以下迟迟不能进入分税制状态？第一，我们的财政层级太多，分税分不清楚，除了中央级，省以下还有四个层级，总共只可能有二十几种税，不可能形成相对清晰稳定的五层级分税制；第二，地方政府没有成型的地方税体系，没有大宗稳定的主体税源和收入支柱，不得已就要搞出很多的隐性负债，另外还必然特别看重土地批租，于"招拍挂"中力求把价位冲得很高，在某一任期之内把土地交易环节的收入一次性拿足，尽可能解决在位者任期之内出政绩的需要，而以后这块地在十几届甚至二十几届政府任期之内是不会再产生一分钱现金流的。如果没有其他的制度制约和配合，这种不断创造"地王"的势头就很足，但地皮有限，从长期观点看一定难以为继。如果有保有环节的税收可以年复一年提供现金流，又有了其他的融资条件，各方参与者的预期就都改变了，就不会动不动把土地批租冲到天价上去。所以问题的实质，仍然是有效制度供给与"激励—约束"机制不足。中国地方税体系要从不成型向成型转变以优化相关制度安排，需要寻找其财源支柱，是绕不开不动产税问题的。

从整个国民经济看，有两个突出的问题。

一个是中国的房地产业的情况，已经牵动人心与全局。房地产业与国民经济其他组成部分的联动关系一目了然，它在城镇化、工业化历史过程中必然成为经济成长的引擎，表现出广泛、长远的辐射力、影响力和支撑力，其现实情况又是很容易被加入泡沫化的过度炒作因素。必须真正解决好房地产业在必要调控下的健康发展问题，对此税收不是万能的，要使房地产业健康发展，应考虑在房地产保有环节逐步建立一个像美国、日本等市场经济相对成熟的经济体都具有的房地产税或不动产税。不应把所有的调控任务都指望于某一个税种，比如房地产税，也不应在相关的改革实施中操之过急，动作过猛，但是又不能把这样一个很明显的经济手段放在一边不加考虑、弃而不用。

另一个是中国的收入分配差距扩大，已经牵动人心与全局。邓小平曾指出，如不能真正走向共同富裕，我们的改革和发展就失败了。收入分配差距的扩大，实际上是和我们财产分布状态的差距扩大如影随形而且相互激励的。收入差距迅速扩大，在很大的程度上源于财产性收入，最主要的构成原因之一是来自于不动产财富的增值、溢价收入。这在客观上需要得到一定的再分配优化调节和制约。不动产税即房地产税这样一个税种，显然应该发挥收入分配方面的优化作用。

因此，在中国实施房地产税改革，是完成经济社会转轨与现代化的必要制度建设，将会产生四个方面值得肯定的正面效应。第一是增加中国直接税的比重，并降低中低端收入者的税收痛苦程度。第二是为解决中国地方税体系不成型的问题，提供地方层面的支柱税种。第三是促使已实施的房地产调控新政体现其应有的"治本"水准。第四是优化收入和财产的再分配以抑制"两极分化"。因此，这一改革一举多得、势在必行。

（3）完善转移支付体系，优化转移支付手段。

财政支出中除工资性支出之外的部分，主要是转移性支出，也称为转移支付，可主要分为政府不同层级之间的转移支付和政府对社会居民的转移支付。转移支付体现的再分配，是典型的财政分配"取之于民"时侧重"抽肥"之后，"用之于民"时侧重"补瘦"的再分配，既有对欠发达地区的扶助和支持（间接地扶助支持那里为数较多的低收入阶层），也有对社会成员中一部分低收入和困难人群的直接扶助与支持。中央制度文件一向明确要求，"集中更多财力用于保障和改善民生"，其中重点包括进一步加大对中西部地区特别是革命老区、民族地区、边疆地区和贫困地区的财力支持；加大教育、就业、扶贫开发等支出，教育要重点向农村、边远、贫困、民族地区倾斜；还要加强对困难群体救助和帮扶，要求健全城乡低保标准与物价上涨挂钩补贴制度，完善孤儿基本生活保障制度，建立困难残疾人生活补贴和重度残疾人护理补贴制度，大力发展社会慈善事业等。这些转移支付方式的运用，需要在经济发展基础上更多地筹集资金来支持，也需要在机制创新、加强管理中压低行政成本、提高支出资金的使用绩效。

第一，稳步提高转移支付水平。这是经济水平不断提高、防止收入差距过大的客观要求。尤其是在财政扶贫、减贫方面，应当更加重视转移支付的作用，逐步提高转移支付水平。在中等收入阶段的经济赶超进程中，农村的贫困问题是影响全局经济发展、影响社会稳定的重要因素之一，按照2011年人均2300元的新扶贫标准统计，贫困人口群体规模已超过一亿。"十三五"开局时，农村贫困人口规模约为7000万，应当在加快城乡一体化、统筹区域发展的过程中注重财政收入再分配的作用，对农村地区和落后地区进行反哺，加大转移支付力度、逐步提高转移支付水平。第二，转移支付要集中优势资金按照优先级着力解决问题，避免"撒盐"方式。现阶段，转移支付的目标是大力改进民生、实现基本公共服务均等化，这是调控的最终结果，而不是调控时必须遵循的手段。以往转移支付资金的运作用往往出现为追求绝对平均而采取"撒盐"方式，不区分问题的轻重缓急，抱着"不求无功、但求无过"的消极心态，把转移支付资金的统筹运用一刀切、人情化、平均化，导致大批转移支付资金在各大方面都处于"杯水车薪"的状态，很难发挥效力，导致资源浪费。因此，应不仅仅注重稳步提高转移支付的水平，还应当加强转移支付资金的管理和运用，按照待解决问题轻重缓急的优先级逐步着力解决问题，一步一步地建立社会福利体系。第三，加大一般性转移支付，逐步减少专项转移支付。中央对地方财政的转移支付体系主要由一般和专项两种转移支付构成，一般转移支付主要用来弥补财政实力相对较弱地区的财力缺口。现阶段存在的问题是，专项转移支付相对较充裕而地方财政无权支配，与此同时，由于财政层级较多、分权体制不顺而导致的地方财政压力巨大、缺口过多现象普遍存在，两者出现扭曲，从而可能造成地方财政困难、专项转移支付被挪用等问题。因此，加大一般性转移支付力度，是解决现阶段财政体制改革中出现的体制没有理顺导致县乡基层财政困难问题的有效手段。着力加快财政体制改革，理顺自上而下的财政层级，明晰财权和事权的划分，才是解决县乡基层财政困难的根本途径。第四，以大力改进民生、实现基本服务均等化为目标丰富转移支付扶持内容。随着中等收入阶段福利赶超的进行，现阶段大力改进民生、实现基本公共服务均等化和未来逐步建立社会福利体系的目标应当考虑充实到转移支付的焦点内容中，尤其加强对随着工业化进程出现的进城务工人员社会保障、进城务工人员子女教育、留守子女教育、留守老人的赡养、结构性失业、结构性人才短缺等问题的关注，应考虑按照经济区域的实际情况做好科学细化的落实方案。

（4）完善社保体系，稳步提高社保水平。

完善社会保障机制，保证低收入阶层的基本生活，提高社会对高收入阶层的理解与容忍度。实行市场经济体制，则收入分配主要由市场经济的内在机制决定。对高收入阶层的收入，政府只能调节，不能禁止，合法合理的高收入不应人为地规定上限。政府能做的，也是政府必须做的，是建立完善的社会保障机制，保障低收入阶层的基本生活，提高社会对高收入阶层的理解度与容忍度，使社会安定与发展活力高度统一。研究表明，社会安定的关键，是使低收入阶层的基本生活需要得到保障，并注重提供社会成员间"权利和机会的公平"，有效打击非法致富者，从而提高社会各界对高收入阶层的理解与容忍度，在动态发展中逐步走向"共同富裕"，而不是简单地把高收入阶层的收入水平一味压低。

（5）健全多级资本市场，加强金融资本监管。

如前文所述，财政在大力改进民生中应通过收入再分配引导居民扩大财产型资本和社会财富规模，培育壮大中端收入人群，从而缩小社会差距，将社会收入结构由"金字塔形"转变为"橄榄形"。在引导居民扩大财产性资本和社会财富规模的过程中，应当特别注重继续健全多级资本市场并加强金融资本监管，保持社会财富增长有道、稳定可控。健全多级资本市场和加强金融资本监管能够发挥帮助社会收入结构转型的作用。第一，拓宽居民资金的投入渠道，降低居民资金的投入风险。现阶段居民资金的投资除银行理财、人寿保险等金融选择外，去向主要有两个，一是正规渠道，投向股票和房地产市场；二是民间渠道，投向民间短期拆借。两种去向于宏观、于微观而言都存在明显缺陷，股票市场风险自担，此不必多言；房地产市场容纳资金量十分有限，一旦成为投资套利焦点价格将迅速推高，现阶段房产价格已呈现虚高、泡沫严重，多数情况是内部资金和游资炒房所致，现在入口已经严格控制，房产市场也正准备全面落实房产税的开征；民间短期拆借没有明文规章制度、暗箱操作严重、资金去向不明，居民收入投入之后风险很大。第二，开辟多种投资渠道，稳定各类资本市场。多级资本市场的建立健全能够在银行理财、人寿保险、股票市场、房产市场等之外，建立健全城市银行和乡村银行、开发金融衍生品、完善股票期货市场、拓展 PE 和 VC 等大型合法融资渠道和提升融资管理、深入开发保险市场等，为居民资金开辟多种投资渠道。多级资本市场的建立能够稳定吸纳更多投资资金，进行良好的管控、保值、增值，通过多渠道疏通，避免由于对某一资本市场过于集中投资而引发的资本价格风险和市场稳定风险。第三，全面加强金融系统的稳定性，规避游资对国内居民资本的冲击。从世界经济角度来看，中国作为新兴经济体的带头人为世界经济增长贡献力量强大，而所建立的新兴市场也是国际游资的焦点。然而，随着 2008 年美国次贷危机引发的全球金融危机蔓延，加之 2011 年欧债危机的爆发和加剧，世界经济不稳定性不断增加，美国作为世界经济的领头羊由于受到金融产业与欧洲深度交叉而产生的金融脆弱性影响经济复苏缓慢，对以出口为主要支柱产业的新兴经济体也产生巨大冲击。随着美国经济以高于 2% 的增长，国际游资出现大规模回流现象，并可能出现摆动，将对国内金融系统稳定性造成严重冲击。多级资本市场的建立有助于构建健康的金融结构、层级和系统，提高金融系统各方面属性，避免集中投资对单一资本市场价格的盲目推高，建立健全金融资本市场的传导机制，提高大宗商品价格各项资本市场指数预测监控能力，提前做好应对国际游资防范措施，维持金融市场健康稳定，确保居民财产性资本收入的增加和社会财富规模的扩大。第四，健全法律法规，打击违法犯罪，打击地下钱庄，疏导民间资本运作规范化。在建立健全资本市场的进程中，随着新兴金融产业和新型金融产品的产生和发展，应当注重建立健全相关法律法规，打击金融违法犯罪行为，规范金融资本市场发展，保障投资人资金安全；积极发挥行业协会制定行业规范的监督作用，并通过行业协会引导和规范金融资本市场新兴产业和新型产品的良性发展，注重风险防范；全力打击地下钱庄，不断健全人民币汇率形成机制，维持国内经济稳定、繁荣发展，并坚持扩大内需，减少出口经济对经济发展的冲击；着手规范民间资本运作，疏堵结合、以疏为主，降低居民投资风险，同时加强金融系统对中小企业融资的力度，防范低劣民间资本操纵对中小企业产生的消极影响，维护中小企业，尤其是小微企业的合法权益，保障符合国内调整经济结构、转变发展方式、科技开发和应用等积极要求的中小企业，尤其是小微企业的良性运转。

专栏 3-8 中国收入分配矛盾凸显中最主要的真问题

为透过社会上对于收入分配、改善民生问题的普遍关注和种种不满，找出真问题之所在，我们认为一定要抓住收入差距的扩大和分配秩序的紊乱两个关键点。

对收入差距扩大已有许多分析，从基尼系数的计算到五等分数据的处理，应可佐证社会成员的普遍感受，即中国收入差距在迅速拉开之后，已呈过大状态，因而一定程度上产生了对于改革开放会造成"失败"结果的危险或隐患。

从差距扩大的成因看，除了一些仍必须肯定的诸如打破平均主义大锅饭的正面因素之外，分配秩序的紊乱则已成为最为明显的负面因素，企业劳动者收入与国有企业高管人员收入的悬殊，以及有泛滥之势的种种灰色收入、黑色收入，都伴随着紊乱特征。引起民众最为不满的当属与收入悬殊相关的腐败问题，而腐败行为大量是在不规范、不透明的环境中滋长，而不能得到分配秩序的有效制约和法纪的较全面的惩戒。另外需强调："收入"在现实生活中需与"财产"综合考虑，转轨过程中财产性收入迅速增加，也出现大量资源、财产配置的不公，相关的种种扭曲与巧取豪夺行径，与收入分配方面差距过大的问题如影随形，相互激励，不可轻看。

找准、抓住这种真问题，才有利于在正确方向上探讨"对症下药"，形成解决问题的有效方略。分析考察可以表明，要消除不合理的收入差距和有效规范收入分配秩序，必须依靠包括消除过度垄断、不合理特权和设租寻租土壤、封杀侵吞公共财产可能空间的实质性的配套改革。

专栏 3-9　中国优化再分配的方针

中国优化再分配的方针可以总结为：维护公正、兼顾均平、引导高端、壮大中端、托好底端，意在以民生为主要内容的福利赶超进程中，通过优化财政收入再分配功能来实现全民福利水平的提高并同时更加关注公平原则，保证福利增长公正、均平、适度。

"维护公正"是基本出发点

社会由组织组成、组织由人员组成，人员对个人的总收入从与他人的横向比较和与自己的纵向比较两个方面进行预期，反映的实质是人员对公正的需要。公正程度高，即使收入差距较大，也能从心理预期上进行调整；公正程度低，即使收入差距较小，也可能从心理预期上感到不平衡，进而丧失工作激励，甚至影响社会稳定。就"拉美化"问题而言，"民粹主义基础上的福利赶超"出现的主要根源在于不公正问题的存在，导致居民对已存在较大差距的现实增加了更多的不公正预期。如前文所述，市场是以效率为先的运行机制，中国处于具有中国特色的社会主义市场经济体制建立健全的转轨时期，应当充分发挥市场作为资源配置基础的职能，但市场存在市场失灵的现象，需要政府进行宏观调控。在收入分配方面，市场机制以效率为先按照按劳分配和按生产要素相结合的方式进行初次分配，但中国的市场中存在多种程度和角度的扭曲，导致不公正的情况发生，直接影响社会稳定。政府在中等收入阶段福利赶超大力改进民生的过程中，应当利用收入再分配的手段着力维护公正，帮助商品市场、劳动力市场和资本市场的参与方纠正扭曲以恢复平衡或通过补贴找到平衡，从根本上解决"民粹主义基础上的福利赶超"的滋生温床。

"兼顾均平"是重中之重

维护公正是基本出发点，在此基础上要充分发挥财政调节收入分配的职能，在市场以效率为先的基础上，以均平为原则进行再分配才是缩小收入分配差距的有效手段，是福利赶超进程中需要关注的重中之重。如果说公正是通过影响居民对收入预期进而影响对收入分配差距的感觉来影响劳动力积极性和社会稳定的，那么均平涉及的是真正落到实处的、已经存在的社会收入分配差距。社会收入分配差距过大不仅能够通过影响劳动力及其主观判断来影响经济赶超，而且最关键的是能够反映当前产业结构、就业结构、行业弊端、制度漏洞以及体制僵化等影响经济赶超进程中已经存在的问题，通过财政发挥再分配的功能，能够在很大程度上起到引导和补偿的功能，加之杠杆功能和乘数效应切实实现通过对收入分配的调节来实现对整个经济赶超的宏观调控。

"引导高端、壮大中端、托好底端"是三个主体层次

在维护公正、兼顾均平的前提下，将改进民生中优化收入再分配的工作落实到具体层面，即福利赶超的三个具体层面：一是对高端进行规范和引导，做到"削高补低""抽肥补瘦"。社会高端收入人群大都占据了市场更多资源和要素，例如，生产中存在的"寻租"行为，生活中存在的生活空间占有大小的不同等，这些资源虽然是以市场为基础进行配置的，高端收入人群在占有之前或占有之时也付出了相应的价格，但因为市场机制本身存在缺陷，对外部性等市场失灵无法自行调节，因此会产生对许多高端产品定价扭曲的现象，需要财政站在维护公正的角度对正负外部性进行内化，通过税收、补贴等手段抽取内化的部分，为社会其他收入层次的人群进行补贴，以达到兼顾均平的目标。二是对底端继续落实社会保障全覆盖，并逐步提高底端的量值。在托底并逐步提高底端量值的过程中需要注意，一方面是城乡、区域发展不平衡的问题，社会保障是福利体系中最基础的部分，随着中国经济由中等收入阶段向高收入阶段迈进，城乡中相对较发达的城镇和区域中相对较发达的东部沿海对福利的要求已经不仅停留在社会保障的基础上，在北京、上海、南京、杭州、广东、深圳等经济十分发达的地区，甚至已经不仅停留在原有社会保障的水平上，而是不断提出更高的要求；另一方面中国正处于经济赶超的过程中，GDP增长率和总体水平虽然都在世界前几位，但是由于人口基数大、市场经济体制不健全等社会主义初级阶段典型问题的存在，应当特别警惕民粹主义基础上福利赶超的趋势，应特别清醒地认识到中国现阶段福利赶超尚处于社会保障全覆盖的层面，将逐步大力改进民生，推进基本公共服务均等化和其他公共服务的开展和水平的提升，但绝不是一蹴而就的。这就要求在托底工作的进行中避免"政策一刀切"，切实做好政策科学贯彻、合理细化，分区域、分阶段、分层次地落实托底工作，并特别注重控制底端量额的差异,随着经济赶超的不断深化、经济水平的不断提高、福利体系的不断完善,逐步实现全民福利体系的建立和完善。

(五)"可持续性"与福利增进的权衡把握

中国正处于中等收入发展阶段,特别需要注重防范中等收入陷阱。中等收入,是以各经济体人均 GNI 为核心指标对全球各个经济体进行排序,位于中等位次经济体的最高及最低人均 GNI 指标所形成的区间标准。中国人均 GNI 虽然刚刚步入下中等收入水平的上限,但是从全球中等收入标准的增长速率和中国人均 GNI 增长速率的比较中可以看出,中国在不久的将来即将步入上中等收入水平,即经济赶超的后半段。"中等收入陷阱"作为一个比喻式的基于世界范围的"统计现象"而表述的概念,是指当一个国家的人均收入达到中等水平后[①],种种矛盾突然显现、集中爆发,导致经济增长动力不足,使原本良好的发展势头转变轨迹,就像掉入陷阱一样,最终出现经济停滞。进入中等收入阶段之后,存在着一个公众对于生活境况、福利待遇越来越好的迅速走高心理预期与实际公共服务体系相对滞后的矛盾,往往使公众对福利改善的预期明显超过政府公共服务供给能力。这个滞后的矛盾普遍地表现为公众心理不满意程度的持续强化,即公众总觉得政府做得不够。为提高政府满意度或兑现选举承诺,一些拉美国家出现了所谓的"民粹主义基础上的福利赶超"。在福利赶超进行到一定程度之后,经济的实体层面的支撑力无法跟上,使福利水平很快由云端跌落尘埃,从而使社会矛盾进一步激化。结果在南美的一些国家就出现了剧烈的"打摆子"状态,先是民选政府,民选之后是福利赶超,福利赶超没有可持续性又掉下来,掉下来再导致矛盾激化,一些强势集团开始起作用,引发社会严重紊乱,使经济增长和社会发展出现大幅波动或陷入停滞。

从中国当前的实际情况来看,避免"民粹主义基础上的福利赶超"误区和中等收入陷阱,关键是要做好两点。一是要把回应公众福利诉求,放在一个短期利益和长期利益合理设计、动态平衡的框架内,通过通盘考虑,使政策设计更具理性。这

---

① 经验表明超过人均 3000 美元就开始进入中等收入阶段。实际上 3000 美元也就是一个大致的、粗线条的数量界限。

其中最为重要的是，要做好短期利益与中长期利益的衔接问题。如果这一问题处理不好，改进福利、惠及民生、增加收入等方面就有可能走偏，吊高胃口而不可持续，公众的心理落差就会变大，就会导致"民怨沸腾"，极易引发各种矛盾。如果我们动用现有的资源只是一次性地增加民生质量、改善福利，比较容易做到，但是如考虑到化解既得利益的阻碍，实质性地调结构、促改革、转方式，在中长期真正惠民生，其难度就会大大地增加。这是进入中等收入阶段后亟须考虑的一个微妙而棘手的问题，需要我们谨慎权衡、合理掌控。二是如何为福利提升提供持续的物质支持、为经济增长提供新的动力。福利提升最终要靠发展来解决，这也是避免中等收入陷阱的一个重要原则。美国和日本的发展经历清晰地表明了这一点。第二次世界大战以后，随着美国经济的发展，福利政策曾不断加码，特别是在约翰逊总统之后约10年的时间里，美国每年工资水平的增长速度大都在10%以上，到了20世纪70年代，经济即出现了"滞涨"。幸亏80年代以后，美国的硅谷开始发力，加上其他政策调整举措逐步带领美国走出了"滞涨"泥潭。正是依靠这种新型经济，美国才得以继续保持领导潮流的世界头号强国地位，并且逐步摆脱所谓福利赶超带来的拖累。反观日本，经历了20世纪50年代至70年代的高速增长之后，经济发展趋势急转直下，这虽与前面所分析的汇率陷阱及其他一些问题有关，但缺少新的经济增长动力无疑是其中一个最直接的因素。中国要避免中等收入陷阱，也必须以此为鉴，以技术进步或创新为手段，提升产业结构，形成对经济增长和福利提升的持续支持。

专栏3-10 中国正处于中等收入发展阶段

世界银行自2000年起，采用阿特拉斯法计算每年度的人均国民总收入（GNI），并在此基础上对国家和地区收入水平进行了分组：低收入（LIC）、下中等收入（LMC）、上中等收入（UMC）和高收入。这种分组随着每个财政年度数据的变化而产生相应的分组指标，如表3-11所示，或者我们可以理解为，对某一个国家或地区而言，其组别和排位是动态变化的，它考察的是某一国家和地区与全球经济体发展的相对水平。当然，历年划分指标的浮动情况也从某种程度上反映了全球经济水平的发展方向和程度。本书更加关注的是中等收入的划分指标和中国的组别。

表3-11 2002—2010年世界银行国家和地区分组指标

单位：美元

年度 组别	低收入国家（LIC）	中等收入国家		高收入国家
		下中等收入（LMC）	上中等收入（UMC）	
2000	[0,755]	[756,2995]	[2996,9265]	[9266,+∞]
2001	[0,745]	[746,2975]	[2976,9206]	[9206,+∞]
2002	[0,735]	[736,2935]	[2936,9075]	[9076,+∞]
2003	[0,765]	[766,3035]	[3036,9385]	[9386,+∞]
2004	[0,825]	[826,3255]	[3256,10065]	[10066,+∞]
2005	[0,875]	[876,3465]	[3466,10725]	[10726,+∞]
2006	[0,905]	[906,3595]	[3596,11115]	[11116,+∞]
2007	[0,935]	[936,3705]	[3706,11455]	[11466,+∞]
2008	[0,975]	[976,3855]	[3856,11905]	[11906,+∞]

数据来源：世界银行，世界发展报告，2002—2010年。

表3-11中数据的特点是，本年度分组指标均采用前两年的人均GNI数据作为依据，如2010年分组指标采用的是2008年人均GNI数据。可见，世界银行对国家和地区最新分组指标是：2008年人均GNI小于或等于975美元的国家和地区，划为低收入；在976美元至11905美元区间内的国家和地区，划为中等收入；大于11906美元的国家和地区，划为高收入。其中，中等收入国家和地区又细分为下中等和上中等两组：在976美元至3855美元区间内的国家和地区，划为下中等收入；在3856美元至11905美元区间内的国家和地区，划为上中等收入。综观2000—2008年数据，可以观察到中等收入阶段内部划分上中等收入和下中等收入的分界值分别为：2995，2975，2935，3035，3255，3465，3595，3705，3855；增长率分别为：-0.7%，-1.3%，3.4%，7.2%，6.5%，3.8%，3.1%，4.0%，平均增长率为3.25%。

为更清晰地看到中国步入上中等收入阶段的趋势，进一步编制表3-12和图3-11。

表3-12　2000—2008年中国人均GNI及增长率

年度	人均GNI/美元	人均GNI增长率/%	组别
2000	840	/	LMC
2001	890	6.0	LMC
2002	940	5.6	LMC
2003	1100	17.0	LMC
2004	1290	17.3	LMC
2005	1740	34.9	LMC
2006	2010	15.5	LMC
2007	2360	17.4	LMC
2008	2940	24.6	LMC
均值	/	17.3	/

数据来源：世界银行，世界发展指标，2002—2010年。

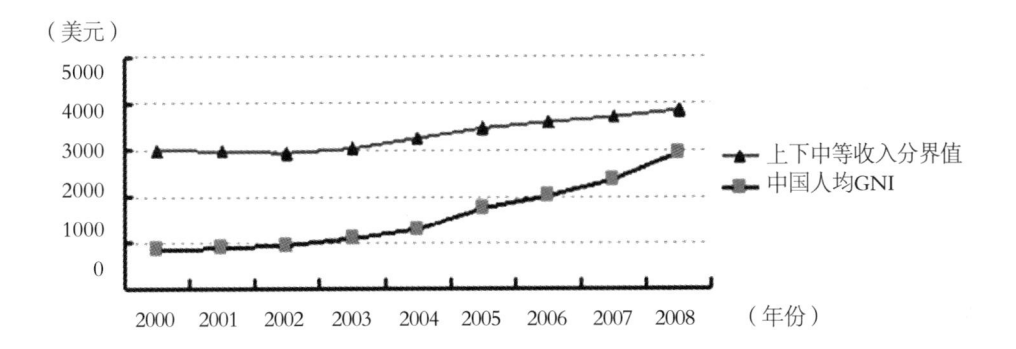

图3-11　上下中等收入分界值及中国人均GNI增长趋势

数据来源：世界银行，世界发展指标，2001—2010年。

由表3-12可以看出，中国人均GNI自2000年以来的平均增长率为17.3%，远远高于中等收入阶段内部划分上中等收入和下中等收入分界值的增长率3.25%，从增长的趋势来看，中国人均GNI将在未来几年超过分界值，跨入上中等收入阶段已指日可待。从图3-11折线的走势和斜率来看，中国现在应当将中等收入阶段的经济研究提上日程，明确方向、树立方针、落实政策，加快经济转轨的进程。首先实现由下中等收入阶段向上中等收入阶段的平稳过渡，接着继续按照"三步走"的战略继续长期规划，正式开始向人均GNI达到发达国家的目标迈进。

自此，我们可以较为清晰地得到"中等收入"及"中等收入阶段"的描述性概念：所谓中等收入，就是以当年全球各个经济体发展水平为大背景，以阿特拉斯法计算出的各个经济体的人均GNI为核心指标进行排序，位于中等位次经济体的最高及最低人均GNI指标所形成的区间标准。所谓中等收入阶段，是指某经济体在自身发展过程中，按照当年人均GNI在全球的动态排序，从步入中等收入最低区间标准到跨越最高区间标准的经济发展阶段。

第四部分

主要结论与政策建议

一、本课题研究形成的基本认识结论

（一）政府职能与政府间事权（支出责任）相关研究形成的基本认识

1. 对政府职能划分的认识

在社会主义市场经济条件下，我国政府的职能应定位在"国家安全、民生保障、公共服务、运行有序、国有资产"，中央层面具体包括以下五大类（不包括委托省/市县政府执行的职责）。

第一类，国家主权和政权运转。一是维护国家独立、主权和领土完整；二是维持国家机器运转、维护社会秩序、保障人民群众正常生产生活和权益。

第二类，民生保障和公共事业。一是广义概念，包括教育、公共卫生、医疗、文化、科技、社会保障等。二是狭义概念，如上述公共事业的基本下限标准，包括基础教育，基本公共卫生，基本医疗，基本文化，基础科技，基本养老、医疗、失业保险，基本住房保障和低保、生态环境保护等。

第三类，公共设施和市政工程。一是事关国计民生的能源、交通、水利等基础设施；二是城镇市政工程设施。

第四类，市场监管和经济调节。一是建立市场规则，维护市场秩序，包括对于外部性、垄断、信息不对称的治理；二是宏观调节，包括调节经济周期、经济结构、收入分配，协调地区发展。

第五类，国有资产和公共资源。一是经营性国有资产；二是行政事业单位国有资产；三是国有土地、矿产等自然资源。

由上述五大政府职能派生出以下 15 项政府基本职责。

国家主权和政权运转：①国际合作、国际组织、国际事务和国际关系；②服务国家主权的职责；③国家立法、司法、行政；④维护社会秩序的职责。

民生保障和公共事业：⑤人民群众基本生存条件；⑥基本民生保障；⑦一般公共服务。

公共设施和市政工程：⑧提供电力、油气等基础产业，以及铁路、公路、航空、水运、通信、邮电、水利等基础设施；⑨提供城镇给水、排水、供气、供热、城市道路、公共交通、供电、环境卫生、垃圾处理、园林绿化等市政公用设施。

市场监管和经济调节：⑩建立市场规则，规范微观行为，维护市场秩序，保证微观主体运行的市场环境；⑪调节经济周期波动、产业结构、充分就业、稳定物价、国际收支平衡、促进经济增长；⑫调节国民收入分配格局中的国家、企业、个人分配占比结构及三部门内部的分配关系。

国有资产和公共资源：⑬经营性国有资产包括国有金融和非金融企业；⑭行政事业单位国有资产；⑮国有土地、矿产、水源、森林、草原、滩涂、大气、空域等自然资源。

地方政府职能在中央政府职能的框架下，会有一些调整。

2. 中国的政府框架调整应以财政扁平化为前提

在顶层规划下调整、理顺中央与地方事权划分，包括中央事权、地方事权、中央与地方共担事权、中央委托事权、中央引导与鼓励事权等，进而按照政府事务的属性和逻辑原理，合理和力求清晰地划分政府间支出责任，尽快启动由粗到细形成中央、省、市县三级事权与支出责任明细单的工作，并在其后动态优化和加强绩效考评约束。尽快将基础养老金、司法体系、食品药品安全、边防、海域、跨地区流域管理等划为中央事权。地方政府应退出一般竞争项目投资领域，同时规范省以下政府的事权划分边界。

3. 政府间事权与支出责任划分的方案设计

政府间事权划分的基本原则，结合中国的现实情况，考虑到中国"十三五"及中长期经济社会发展趋势，将政府间事权与支出责任划分为中央政府独立承担事权、省级政府独立承担与执行事权、市县政府独立承担与执行事权、中央和省级政府委托下级政府的事权。此外，还有一些引导性事权。它是指中央政府鼓励省\市县政府，或者省级政府鼓励市县政府承担某些事权，这种情况下，上级政府拿出一部分资金，下级政府配套一部分资金，但引导性事权本身还是下级政府的事权。包括战略性新兴产业发展、具有地方特色的产业发展。政府间事权和支出责任界定的建议方案如表4-1所示。

表4-1 政府间事权和支出责任的界定（建议方案）

中央政府独立承担事权	国家主权与政权运转	[1] 国际合作、国际组织、国际事务和国际关系：加入国际组织，多边与全球性谈判，国际卫生、教育、科技、文化合作 [2] 服务国家主权的职责：外交、国防（军队）、国家安全、边防、海关、反恐 [3] 国家立法、司法、行政：全国人民代表大会、全国政治协商会议、执政党、中央政府、法院、检察院 [4] 维护社会秩序的职责：公安、消防、武警
	民生保障和公共事业	[5] 人民群众基本生存条件：饮水、空气、食物的安全性 [6] 基本民生保障：基本公共事业的基本下限标准，包括基础教育（如幼教、中小学、特殊教育）、基本公共卫生（如传染病、精神疾病防治）、基本医疗（如综合性和专科医院、社区医院、乡镇卫生院）、基本文化（群众文化、非物质文化遗产）、基本社会保障（基本养老保险、基本医疗保险、基本住房） [7] 一般公共服务：国家级重点高等教育；国家级疾病防控、国家级医院（三级甲等医院）、重大公共卫生突发性事件；国家级和基础性科研项目（如高能物理、航天、数学、力学等）；国家级自然保护区；跨区域环境保护（如三江源保护、三北防护林建设、荒漠化治理等）

续表

中央政府独立承担事权	跨地方辖区的公共设施和市政工程	[8] 基础产业和基础设施：全国性和跨地区基础设施建设（全国性跨地区跨流域水利设施、全国性电网、主干邮电通信网络、高速铁路和主干线普通铁路、国家级港口、全国性和区域性航空枢纽）；跨区域资源保护与开发；全国性战略物资储备（如原油、稀土、粮食等）
	市场监管和经济调节	[9] 市场规则：规范微观行为，维护市场秩序，保证微观主体运行的市场环境 [10] 宏观经济调节：调节经济周期、保持经济增长、调节产业结构、充分就业、稳定物价、国际收支平衡；国家经济和社会发展规划、全国性经济结构调整、财政与货币政策、金融监管、经济运行秩序及稳定；国家级农业开发（如农业经济结构调整、土地整理、粮食收购、国家级扶贫）；全国范围内的基础数据统计；跨区域综合经济开发协作；其他跨区域合作事项 [11] 调节收入分配：调节国家、企业、个人分配占比结构，以及三部门内部的分配关系，调节政府层级间、产业行业间、个人间，以及城乡间、地区间分配关系，全国性就业和收入分配调节政策
	国有资产和公共资源	[12] 经营性国有资产：中央级金融和非金融企业 [13] 行政事业单位国有资产：中央级 [14] 自然资源：全国性和跨地区的自然资源，包括国有土地、矿产、水源、森林、草原、滩涂、大气、空域
	委托省\市县政府执行的职责	[15] 中央政府出资支持，省\市县政府负责协调推动和操作实施：城乡居民最低生活保障；小学和初中教育及校车；社区医院和乡镇卫生院；大灾大难救助和灾后重建；社会救济社会优抚；经济建设项目；人口普查
省级政府独立承担与执行事权	国家主权与政权运转	[16] 国际合作、国际组织、国际事务和国际关系：省级国际合作 [17] 国家立法、司法、行政：省人民代表大会、省政治协商会议、省委、省政府、省级法院、省级检察院 [18] 维护社会秩序的职责：省级公共安全（含警察）
	民生保障和公共事业	[19] 一般公共服务：在国家基本公共事业的下限标准之上，根据本省的财力状况，适当增加的基本公共事业标准；省级高等和专业中等教育；省级疾病防控与环境卫生、健康医疗体系建设、省级医院、省级公共卫生突发性事件；科学研究与技术研发应用、省级科研项目；省级自然保护区；省域内和跨市县环境保护（包括省内湖泊、河流、大气污染防治等）；基本住房保障
	公共设施和市政工程	[20] 基础产业和基础设施：省域性和跨市县的基础设施建设与维护（包括水利设施、支线电力设施、支线邮电通信网络、国道及省道公路、支线普通铁路、港口、省级航空枢纽）；省域资源保护与利用；省域重要物资储备（粮、棉、食用油等）

续表

省级政府独立承担与执行事权	市场监管和经济调节	[21] 市场规则：省域市场秩序稳定、省级金融监管（省域内非公众、非存款类金融机构监管及民间金融引导） [22] 宏观经济调节：省级发展规划、省域经济结构调整；省级农业开发（包括省内山区、流域开发、省内扶贫）；全省范围内的数据统计；跨市县合作项目 [23] 调节收入分配：省域收入分配调整和就业促进
	国有资产和公共资源	[24] 经营性国有资产：省级金融和非金融企业 [25] 行政事业单位国有资产：省级 [26] 自然资源：跨市县的自然资源
	委托市县政府执行的职责	[27] 省级政府出资，市县政府负责协调推动和操作实施：基本住房保障；经济建设项目
市县政府独立承担与执行事权	国家主权与政权运转	[28] 国家立法、司法、行政：市县人民代表大会、市县政治协商会议、市县委、市县政府、市县级法院、市县级检察院 [29] 维护社会秩序的职责：辖区内治安和社会稳定
	民生保障和公共事业	[30] 一般公共服务：在国家基本公共事业的下限标准之上，根据本市县的财力状况，适当增加的基本公共事业标准；二级医院；市县级文化体育设施；幼儿园教育、中小学教育、成人教育；人口和户籍管理；社区服务
	地方一般公共设施和市政工程	[31] 市政公用设施：地市县级基础设施建设（省道、市县级公路建设）；城市道路；辖区内公共交通网络建设与运营；城市和县域规划；市政公用事业（包括给水、排水、供电、供气、供热、公共交通、能源利用、园林绿化）、垃圾与污水治理、环境卫生、环境保护与污染治理
	市场监管和经济调节	[32] 市场规则：市县辖区内市场秩序稳定 [33] 宏观经济调节：市县级发展规划、市县经济结构调整；市县范围内的数据统计 [34] 调节收入分配：市县辖区内就业促进
	国有资产和公共资源	[35] 经营性国有资产：市县级金融和非金融企业 [36] 行政事业单位国有资产：市县级 [37] 自然资源：市县辖区内的自然资源

（二）政府收入相关研究形成的基本认识

1. 中国目前宏观税负较为合理，未来一般时期应大体稳定在这一水平

从 1994 年分税制改革以来经济社会的实际运行效果来看，当前的宏观税负水平

没有影响经济和社会发展，极大地提高了经济效率，促进了中国经济长期持续高速增长。

2. 稳定宏观税负是在总税负水平稳定的前提下进行结构性调整

未来税制改革是在保持总税负水平的前提下，通过税费改革联动、税负有增有减等方式，提高资源使用和环境污染税费负担，进而提高资源价格和环境污染成本，对众多市场主体形成内在激励机制，促进市场主体创新意识和能力，实现节能减排目标。

3. 中国地方政府性债务从财政能力和地方政府资产角度来看，风险总体可控

中国还处于发展的战略机遇期，未来经济仍将保持中高速增长，经济持续发展会带来财政收入的增加，这为中国政府债务风险防范奠定了重要的基础。除财政收入外，中国地方政府拥有固定资产、土地、自然资源等可变现资产，可通过变现资产增强偿债能力。此外，地方政府性债务中还有很多属于支持具有经营性质的项目产生的债务，这些项目本身也能产生收益偿还债务。

（三）政府支出相关研究形成的基本认识

1. 公共支出结构的转换与经济增长密切相关

当经济发展到一定的阶段，就必然会出现相应的财政支出结构，而财政支出结构的良性变动与科学调整则能够进一步推进经济发展到一个新的阶段。

2. 公共服务供给要充分将政府与市场结合

中央政府负责提供下限标准的基本公共服务，地方政府根据本身情况在下限基础上提供改善性的基本公共服务，市场提供更高档次的服务。

3. 在明确划分政府间事权与支出责任的基础上设计转移支付体系

我们认为，未来中国财政体制改革的方向是强化中央事权和支出责任，明晰各级政府事权和支出责任范围，减少对地方事权和支出项目的干预。相应地，现行转移支付结构要顺势调整。

4. 政府购买服务是对中国传统管理模式的一场深度调整和革命

政府购买服务涉及国家治理方式、社会管理模式和财政资金使用方式的变革，可以说，是对中国传统管理模式的一场深度调整和革命。

5. 财政支出绩效评价是提高资金使用效益的重要手段

实施财政支出绩效考评，可以优化财政支出结构，逐步提高支出效益，促进公共资源有效配置，是加强财政资金跟踪问效管理，强化支出责任，提高资金使用效益的重要手段。

（四）政府预算管理相关研究形成的基本认识

1. 财政部门统揽政府收支、相关预算单位积极配合的预算管理体系是全口径预算管理的基础

所有政府收支活动都应纳入财政部门的管理监督视野，各种政府收支都应在全口径预算体系的平台上进行分配，以全局利益消除局部利益，预算单位只能通过全口径预算体系的平台安排收支，切断预算单位行政履职与其经费拨款之间的直接关联。

2. 跨年度预算平衡机制加强了财政政策对宏观经济稳定的作用

年度预算里，财政政策对经济的影响不能完全展示出来。宏观调控要求财政政策要有灵活性，有时候可以有赤字，但在一个周期内要平衡。

3. 预算公开是公共财政的本质要求

预算公开本质上是政府行为的透明，是建设阳光政府、责任政府的需要，也是依法行政、防范财政风险的需要。

4. 绩效预算是预算制度发展的新趋势

绩效预算能有效地提高政府预算资金的使用效率，提高预算的公开化和透明度。

5. "横向到边、纵向到底"的国库集中收付制是公共财政管理的基础性制度

通过实施这种标准的国库单一账户制度，不仅能减少政府资金收支环节，简化业务流程，便于账务核算及核对，还能有效地规避资金风险，提高资金运转效率。

（五）收入分配相关研究形成的基本认识

1. 中国收入分配体制机制中存在的问题

第一，税制结构中对间接税的国库收入功能依赖过重。

第二，国家与国有企业间分配关系长期向企业倾斜。

第三，政府对再分配的调节力度不够，制度建设有缺失。

第四，财政预算管理上缺乏制约政府支出规模特别是行政成本的配套制度设计。

第五，税制方面存在着不利于市场经济要素流动的阻滞因素。

2. 初次分配中造成收入差别的七个因素

第一，努力和辛劳程度不同而形成的收入差别。

第二，禀赋和能力不同而形成的收入差别。

第三，要素占有状态和水平不同而形成的收入差别。

第四，机遇不同而形成的收入差别。

第五，"明规则"不合理因素形成的收入差别。

第六,"潜规则"形成的收入差别。

第七,不法行为导致的收入差别。

3. 再分配中影响收入分配的问题

第一,财政分配存在"三元悖论"(详见本书第 107～110 页)。

第二,转移性收入对收入分配的影响。包括宏观和微观两个层面:从宏观层面看,转移性收入在三大部门之间的流转直接影响各部门可支配收入的形成;从微观层面看,转移性收入影响社会各个收入阶层之间的收入对比关系,客观上起着均衡、协调不同收入水平,缩小收入差距的作用。

第三,财产因素对再分配的影响。中国居民财产分布存在的问题有:一是财产分布总体状态未脱"发展中"特征,财产性收入比例低;二是中产阶层薄弱,城乡居民财产差距呈显著扩大趋势、房产差距突出。

第四,基本公共服务对再分配的影响。从"取之于民"的规模来看,中国宏观税负水平不高,基本与经济发展阶段相适应;从"取之于民"的方式来看,中国政府收入中税收是最重要的收入形式;从"用之于民"的规模来看,中国财政"民生支出"部分比重仍有提高空间,且有压缩"行政成本"开支的空间。

第五,国有企业经营对再分配的影响。主要影响因素包括所有制性质和国企利润分配制度。

二、全面改革取向下中国财政改革发展的系列政策建议

(一)政府职能合理化与政府间事权(支出责任)划分清晰化的政策建议

按照受益范围、能力、效率、规模经济、外部性、信息充分性和激励相容为基本原则,各级政府的事权尽可能由本级政府承担,尽量减少事权共担,逐步改变中央下指令、地方执行的状况。中央政府单独承担的事权,由中央自身的机构完成;

中央自身机构能力不足的，首先应加强中央自身能力建设。事权划分尽可能细化、可执行。中央政府着重抓大事、抓影响全局的事，地方政府能履行的职责尽量交给地方。加快深化中央、省及省以下行政管理体制改革、行政区划调整和财政体制改革，相应进行立法保障，提高政府间事权划分的稳定性。

（二）优化政府收入结构的政策建议

第一，税收收入方面。一是以六大税改革为突破口，深化税收制度改革；二是优化税制结构，逐步提高直接税比重；三是多方位充实地方收入，建立健全地方税体系；四是全面规范税收优惠政策，特别是简并整顿区域性税收优惠政策；五是加强税收征管改革。

第二，非税收入方面。一是完善非税收入法规制度，构建权威、系统的非税收入收缴管理法律保障机制；二是合理确定非税收入的项目，完善非税收入标准管理；三是创新非税收入管理模式，实行分级分类预算管理；四是加强监督检查，健全非税收入的监管体系；五是规范政府非税收入的收缴管理，加快非税收入收缴管理系统的电子化。

第三，债务融资方面。一是加快完善体制，消解地方不当举债的发生机制；二是治存量、控增量，建立阳光化地方债分类管理制度；三是建立健全"中央规制+市场约束"的地方债务风险管控机制。

（三）优化政府支出的政策建议

第一，优化财政支出结构方面。一是优化政府投资支出的结构；二是强化民生及公共服务领域的财政支持力度；三是优化财政转移支付功能，调节社会收入分配与地域的平衡发展；四是压缩行政刚性支出膨胀需求，树立"过紧日子"思想和节约意识。

第二，优化财政支出方式方面。减少采用专项补贴支持产业、行业发展的方式，审慎、合理地采用税收优惠方式，并探索以"税式支出"的形式将减免税纳入预算管理。公共服务供给要充分将政府与市场结合。中央政府负责提供下限标准的基本公共服务，地方政府根据本身情况在下限基础上提供改善性的基本公共服务，市场提供更高档次的服务。继续完善支出定额标准体系。

第三，健全转移支付制度方面。一是在明确划分政府间事权与支出责任的基础上设计转移支付体系。二是科学设置一般性转移支付和专项转移支付，发挥好各自的功能作用，逐步增加一般性转移支付规模和比例。三是专项转移支付要根据政府间支出责任划分，进行分类规范、清理整合。大幅度减少转移支付项目，降低专项转移支付占全部转移支付的比重，归并、整合专项中的重复交叉以及相似内容或可归并项目。四是完善财政转移支付管理体制和监督机制。五是推进转移支付立法，健全转移支付法律法规制度。

第四，建立和健全政府购买服务制度方面。一是合理界定购买范围，明确购买目录；二是规范政府购买服务的组织程序和运行机制；三是建立政府购买服务预算管理制度；四是建立政府购买服务绩效评价制度；五是建立政府购买服务监督检查机制。

第五，加强财政支出绩效考评方面。一是推进绩效评价的法规制度建设，保障绩效管理工作的有效开展；二是扩大绩效评价的对象和内容，推动财政支出绩效评价向全方位、多层次发展；三是完善财政支出绩效评价的标准和方法体系，财政支出绩效评价中最核心的部分是公共财政支出绩效评价的评价标准和评价方法；四是规范评价主体，探索引入第三方评价机制；五是加强绩效评价结果的反馈和应用。

（四）政府预算管理体系改革的政策建议

第一，建立全口径预算，完善政府预算体系。一是构筑全口径预算管理的基础，财政部门统揽政府全部收支；二是建立各项预算之间的统筹与审批机制；三是进一步完善政府收支分类科目；四是推动实现政府内部的"财政统一"。

第二，改进年度预算控制方式，建立跨年度预算平衡机制。

第三，大力推进预算公开，建立透明预算制度。一是进一步细化预算编制，增强预算编制的准确性、科学性，严格预算执行；二是进一步提高政府经常性预算的透明度，加强部门项目预算管理，全面公开项目支出资金使用情况；三是督促省级财政部门进一步做好预算信息主动公开工作，全面、完整地公开本级财政预算信息，并加强对下级财政部门预算公开工作的指导；四是密切跟踪各地财政和部门预算公开工作进展，做好舆论引导工作；五是推进政府会计改革，逐步建立政府财务报告制度。

第四，清理规范重点支出同财政收支增幅或生产总值挂钩事项，优化财政资金配置结构。

第五，进一步完善国库支付制度和国库现金管理制度。革除传统国库存在的资金分散收付、运行效率和使用效益较低、透明度不高等弊端，使所有尚未支付的财政资金保留在国库单一账户中，统一归于国库管理，实现财政部门对政府现金流的有效控制。

第六，加强预算执行管理，全面推进预算绩效管理。一是建立预算绩效管理机制；二是完善预算绩效管理制度；三是推进预算绩效管理试点；四是强化预算绩效管理基础。

第七，加快财政收支信息化系统建设。

（五）促进收入分配公平的政策建议

1. 针对体制机制全局的政策建议

第一，注重发展与效率，扩大规模优化结构。继续注重发展与效率、采取措施保持经济较高速度的增长，现阶段尤其要注重经济增长的"新常态"，同时扩大社会财富规模，培育中等收入阶层和"中产阶级"，从而逐步形成有利于社会和谐稳定发展的"橄榄形"社会结构。

第二，加强民主法制建设，维护公平与正义。加强法治，整顿吏治，积极克服制度缺陷，大力遏制非法收入暗流。

第三，加快深化体制改革，积极转变政府职能。加快"省直管县"和"乡财乡用县管"的财政体制改革，减少财政层级，从根本上解决基层财政困难，按照"一级政权、一级事权、一级财权、一级税基、一级预算、一级产权、一级举债权"的原则建立健全多级财政，切实帮助基层财政大力改进民生。

第四，建立健全市场机制，结合混合所有制创新，加快推进国企改革。一方面，引导国有企业建立收入分配调控制度和收入激励机制，注重管理企业职工工资总额，有意识地限制国有企业职工工资过快上涨，尤其是电力、石油、冶金等大型垄断能源供给型国有企业，应当注重在生产经营和收入分配中不断加强税收的调节作用；另一方面，推进国有资本经营预算与公共预算相结合，提高国有企业分红比例，扩大"税利债费"上缴范围，充分发挥财政收入再分配的作用，统筹用于民生支出。

2. 针对初次分配的政策建议

第一，重视公共教育体系，提高劳动者收入。在公共教育财政开支中适当统筹，增加人力资本的积累，不断提高收入水平，形成低收入阶层向中高收入阶层的顺畅转化机制。

第二，以经济手段为主消化房地产泡沫，规范房地产市场发展。要积极通过"房地产调控"的系统化、制度化措施，适当降低居民财产中房地产的过高占比，特别是抑制配置悬殊状况，引导房地产市场规范发展。

第三，鼓励科技创新，优化财富积累模式。通过设立创业投资引导基金、产业发展基金、积极发挥PPP模式等科学、合理、有效的手段来推动科技创新，优化财富积累模式。

第四，消除资本增长不良机制，维护市场公平运转。一方面，逐步改革企业上市的审批制，让市场对企业价值进行自然选择，降低发行市盈率，防止出现估值泡沫；另一方面，对股票市场的投资行为进行规范，打击市场操纵和利用内幕信息获利等非法行为，维护市场的公平运转。

3. 针对再分配的政策建议

第一，完善社会保障制度，推进基本公共服务。完善社会保障制度，实现社会保障制度全覆盖，完善底端福利体系；在此基础上，注重提高底端的量值，在实现社会保障制度全覆盖的过程中，积极推进基本公共服务"均等化"。

第二，积极推进税制改革，强化税收再分配功能。逐步降低间接税比重，提升直接税比重，优化、强化税收的再分配功能。

附　录

附录1　18个国家、数据来源及统计描述

18个国家包括：日本、韩国、加拿大、墨西哥、美国、捷克、法国、德国、意大利、荷兰、波兰、西班牙、英国、澳大利亚、新西兰、南非、以色列、乌克兰。

根据数据的可得性所确定的6个解释变量包括：人均GDP、经济开放度、城镇化水平、投资率、经济增长率及政府教育投入占GDP比重。

国外数据来源于中国《国际统计年鉴》和世界银行数据库，中国的数据来源于2009年《中国统计年鉴》。

估算参数	定　义	最小值	最大值	平均值	标准差	方差系数
雇员薪酬比重（%）	雇员薪酬/GDP×100	28.59	61.04	49.47	5.77	0.12
人均GDP（美元）	以美元为单位的GDP	935.97	44663.47	18342.14	11425.68	0.62
经济开放度（%）	货物进出口总额/GDP×100	16.92	144.80	56.83	30.16	0.53
城镇化率（%）	城镇人口/总人口×100	54.50	91.50	77.29	8.83	0.11
投资率（%）	资本形成率	15.72	37.31	22.61	4.34	0.19
经济增长率（%）	实际经济增长率	−12.2	9.17	2.52	0.88	0.35
政府教育投入比率（%）	政府财政教育投入/GDP×100	2.13	9.13	5.09	1.05	0.21

附录 2 回归模型

基于选定的可能解释雇员薪酬占国民收入比重变动趋势和规律的 6 个指标，建立一个基本方程（模型 1）及两个拓展方程（模型 2 和模型 3）。

模型 1：

雇员薪酬占 GDP 比重

$= \alpha + \beta_1（人均 GDP）+ \beta_2（经济开放度）+ \beta_3（城镇化率）+ \beta_4（投资率）$

模型 2：

雇员薪酬占 GDP 比重

$= \alpha + \beta_1（人均 GDP）+ \beta_2（经济开放度）+ \beta_3（城镇化率）+ \beta_4（投资率）$
$+ \beta_5（经济增长率）$

模型 3：

雇员薪酬占 GDP 比重

$= \alpha + \beta_1（人均 GDP）+ \beta_2（经济开放度）+ \beta_3（城镇化率）+ \beta_4（投资率）$
$+ \beta_5（经济增长率）+ \beta_6（政府教育投入比重）$

附录3　雇员报酬的解释变量及三个方程的回归结果

因变量：雇员报酬（Compensation of Employees）占GDP比重			
自变量	模型1	模型2	模型3
a	45.80	45.46	45.07
	(8.370)	(8.270)	(7.282)
人均GDP	0.0002	0.0002	0.0002
	(3.790)	(3.583)	(3.475)
经济开放度	−0.033	−0.033	−0.034
	(−1.999)	(−2.021)	(−2.018)
城镇化率	0.079	0.084	0.082
	(1.413)	(1.488)	(1.384)
投资率	−0.213	−0.182	−0.175
	(−1.900)	(−1.503)	(−1.320)
经济增长率	—	−0.186	−0.187
		(−0.823)	(−0.822)
政府教育投入比率			0.074
			(0.140)
观察值（个）	132	132	132
R^2（拟合优度）	0.256	0.260	0.260

附录4 根据三个模型分别计算的"期望值"及其平均值

单位：%

年份	模型1	模型2	模型3	平均值*	实际值	差异
1992	40.93	39.19	37.01	39.04	50.10	11.06
1993	39.92	38.24	36.04	38.07	49.49	11.42
1994	39.20	37.89	35.66	37.58	50.35	12.77
1995	39.91	38.82	36.53	38.42	51.44	13.02*
1996	40.34	39.32	36.92	38.86	51.21	12.35
1997	40.50	39.66	37.13	39.10	51.03	11.93
1998	40.36	39.76	37.15	39.09	50.83	11.74
1999	40.51	40.03	37.32	39.29	49.97	10.68
2000	40.46	39.81	36.98	39.08	48.71	9.63
2001	40.46	39.98	37.06	39.17	48.23	9.06
2002	39.98	39.44	36.44	38.62	47.75	9.13
2003	38.80	38.04	34.95	37.26	46.16	8.90
2004	38.00	37.32	34.15	36.49	41.55	5.06
2005	37.19	36.58	33.34	35.70	41.40	5.70
2006	36.65	36.00	32.70	35.12	40.61	5.49
2007	36.75	36.07	32.69	35.17	39.74	4.57*

注：表中第5栏数值为第2、3、4栏中数值的平均值，也即中国雇员薪酬的"期望值"；第6栏数值是中国雇员薪酬的"实际值"来源于附录5；第7栏是期望值与实际值的差值。

附录5 根据收入法计算的中国雇员薪酬占GDP比重的"实际值"

单位：%

年份	营业盈余+固定资产折旧	生产税净额	雇员报酬
1978年	37.34	12.85	49.81
1979年	36.11	12.88	51.01
1980年	36.72	12.13	51.15
1981年	35.41	11.92	52.67
1982年	34.87	11.56	53.57
1983年	34.87	11.59	53.54
1984年	33.59	11.96	54.45
1985年	35.05	12.05	52.90
1986年	34.67	12.51	52.82
1987年	35.39	12.50	52.11
1988年	35.22	13.06	51.72
1989年	35.20	13.29	51.51
1990年	33.52	13.06	53.42
1991年	35.26	13.57	51.17
1992年	36.53	13.37	50.10
1993年	36.46	14.05	49.49
1994年	35.83	13.82	50.35
1995年	35.60	12.96	51.44
1996年	36.05	12.74	51.21
1997年	35.93	13.04	51.03

续表

年份	营业盈余+固定资产折旧	生产税净额	雇员报酬
1998 年	35.93	13.24	50.83
1999 年	36.60	13.43	49.97
2000 年	37.23	14.06	48.71
2001 年	37.85	13.92	48.23
2002 年	38.44	13.81	47.75
2003 年	39.93	13.91	46.16
2004 年	44.35	14.10	41.55
2005 年	44.48	14.12	41.40
2006 年	45.23	14.16	40.61
2007 年	45.45	14.81	39.74

数据来源：课题组根据 1978—2004 年《中国国内生产总值核算历史资料：1952—2004》，（国家统计局国民经济核算司，2007）、2005—2009 年《中国统计年鉴》中数据计算。

附录6 18个国家雇员薪酬比重散点图及与经济开放度、投资率、经济增长率、城市化率的线性关系（132个观察值）

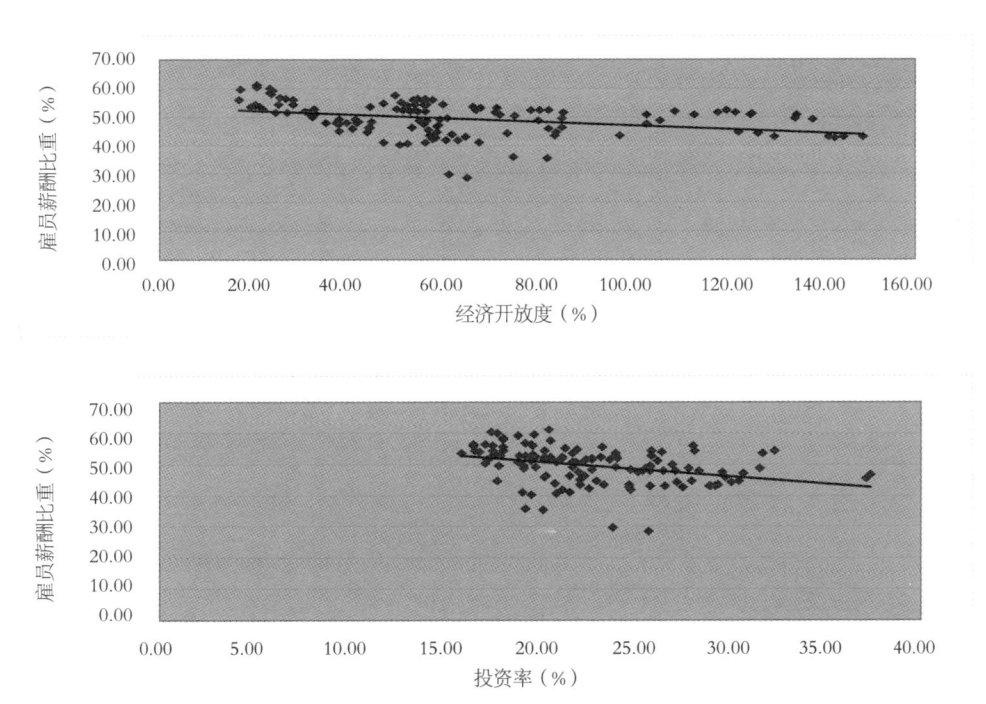

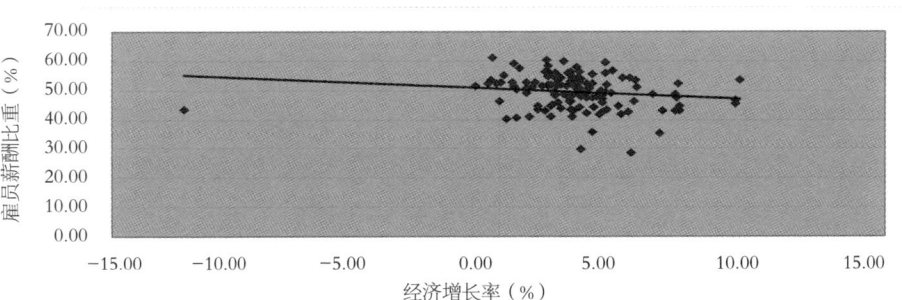

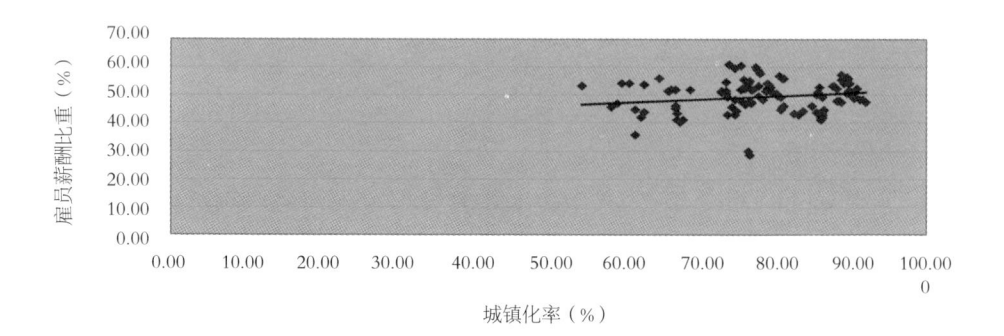

资料来源：课题组根据相关数据计算。

后 记

在中关村华夏新供给经济学研究院于2014—2017年展开的重要课题《战略与路径：迈向2049的中国》的研究中，我们承担了作为其若干专题报告之一的《中国财政改革发展战略研究：从"十三五"到2049》的研究和写作任务。本书是作为上述课题成果形成丛书的正式出版物中的一种。

这项专题研究重点的追求，在于为中国现代化的长期战略提供财政改革发展视角的智力支持。出于主客观条件的局限，研究成果一定还存在种种不足之处，敬请广大读者指正。

在本项课题研究中，我们吸收、借鉴了之前与刘克崮、于长革、张晓云、韩晓明、梁季等同志合作研究的若干课题研究成果。在本书成稿过程中，沈燕鸿、陈倩、曲丹阳、张晶晶四位硕士研究生提供了技术性支持。本书的出版得到国家出版基金项目的支持，在此一并鸣谢。

作 者

2018年12月